AI의 바른 이해와 사용

AI총서

인공지능 시대입니다. 기계가 인간의 인지를 대신하고, 사물이 인간을 통하지 않고 다른 사물과 직접 커뮤니케이션합니다. 이에 따른 인간 삶과 문명 변화를 정확히 이해 · 예측 · 대응하는 것은 이 시대 우리 모두의 과제입니다. AI총서는 인공지능 기술과 환경의 여러 주제를 10가지 키워드로 정리합니다. 관련 개념과 이론, 학계와 산업계의 쟁점, 우리 일상의 변화를 다룹니다. 인간과 기술의 현재, 미래를 세심히 분석합니다.

일러두기

- 인명, 작품명, 저서명, 개념어 등은 한글과 함께 괄호 안에 해당 국가의 원어를 병기했습니다.
- 외래어 표기는 현행 어문규정의 외래어표기법을 따랐습니다.

처음이세요?

전문가세요?

AI의 바른 이해와 사용

최우성

대한민국, 서울, 커뮤니케이션북스, 2025

AI의 바른 이해와 사용

지은이 최우성
펴낸이 박영률

초판 1쇄 펴낸날 2025년 11월 14일

커뮤니케이션북스(주)
출판 등록 2007년 8월 17일 제313-2007-000166호
02880 서울시 성북구 성북로 5-11
전화(02) 7474 001, 팩스(02) 736 5047
commbooks@commbooks.com
www.commbooks.com

ISBN 979-11-430-1490-0 03500

책값은 뒤표지에 표시되어 있습니다.

차례

AI 시대의 프로네시스(AI Phronesis)

궁극의 도구, 그 역설을 마주하다

인공지능(AI)은 인류 역사상 가장 강력한 도구 중 하나가 되고 있다. 과거 인류가 불을 다스려 문명의 서막을 열고, 증기기관으로 산업혁명의 동력을 얻었던 것과 같이 AI는 생산성을 극대화하고 인류의 난제를 해결하며 창의성의 경계를 허무는 무한한 가능성을 약속한다. 그러나 모든 강력한 도구가 그러하듯, AI는 심오한 역설을 품고 있다. 인간의 지능을 보완하고 확장하기 위해 인간의 신경망을 모사해 만들어진 AI 기술이 역설적으로 인간의 사유 능력을 빼앗아 가고, 주체성을 약화시키며 정체성마저 흔들 수 있다. 이 거대한 변화 앞에서 단순히 AI를 잘 다루는 기술적 능력, 즉 테크네(techne)를 습득하는 것만으로는 충분하지 않다. AI가 제기하는 실존적 도전에 대응하기 위해서 기술을 넘어선 새로운 차원의 역량이 요구된다. 여기에서 고대 그리스 철학의 지혜인 'AI 프로네시스(AI Phronesis)', 즉 AI 시대의 '실천적 지혜'에서 그 해답의 실마리를 찾을 수 있다. 아리스토텔레

스가 말한 프로네시스는 특정 상황에서 무엇이 선하고 올바른 행동인지 분별하고 실천하는 능력이다. AI 프로네시스는 AI라는 강력한 힘을 마주하며, '어떻게', 사용할 것인지를 넘어 '왜', 그리고 '무엇을 위해' 사용해야 하는지를 성찰하는 지혜다.

AI가 중요한 시대적 전환기 속에서 꼭 필요한 'AI 프로네시스'를 갖추기 위해 'AI에 대한 바른 이해와 올바른 사용'을 탐색하고자 한다. 먼저 AI가 개인의 내면에 미치는 심리적 영향에서 출발하여, 기술과 상호작용하는 데 필요한 인지적 역량, AI가 촉발하는 철학적·실존적 질문, 그리고 기술을 올바르게 통제하기 위한 사회적 프레임워크를 순차적으로 이해해 본다. 마지막으로 미래를 능동적으로 준비하기 위한 구체적인 방법을 제시한다. 미래를 향한 여정을 위해 선정된 10개의 핵심 주제는 AI 시대의 복잡성을 이해하기 위해 필수적이다. 심리적 도전(과의존성, AI 디톡스)에서 시작하여, 필요한 인지 기술(리터러시, 환각, 논리적 사고)을 탐구하고, 인간 고유성의 철학적 문제(창의성)를 고찰하며, 사회적 거버넌스(윤리, 프라이버시, 포용성)로 확장된 후, 미래를 위한 능동적 준비(미래 사회 준비)로 마무리된다. 우리는 10가지 주제에 대한 단계적 이해를 통해 AI 기술의 수동적 소비자가 아니라 능동적으로 기술을 다루는 주체로 거듭날 수 있다.

유용함의 덫과 인지적 구속

AI 시대의 중독은 과거 스마트폰 중독과는 근본적으로 다르다. 스마트폰 중독이 주로 소셜 미디어나 영상 스트리밍과 같은 수동적 콘텐츠 소비의 문제였다면, AI 중독은 보고서 요약, 데이터 분석, 이미지나 영상 제작 등 문제 해결과 같은 능동적 기능을 활용하는 과정에서 발생한다. '시간 때우기 소비'가 아닌 '경험과 생각 아끼기'라는 압도적인 유용성이 AI 중독의 가장 위험한 측면이다. 사용자가 명확한 목적을 가진 도구로 AI를 활용하기 때문에 자신의 행위를 생산적인 활동으로 정당화하고 AI에 대한 의존이 심해지고 있다는 사실을 인지하지 못한다. 인간의 뇌는 진화학적으로 에너지 소모를 최소화하도록 설계되어 있어서 복잡하고 노력이 필요한 사고 과정보다는 간단하고 쉬운 해결책을 본능적으로 선호한다. AI는 뇌의 본성에 딱 맞는 '인지적 지름길(cognitive shortcut)'을 제공한다. 지름길에 의존하면 할수록 기억, 분석, 의사 결정과 같은 중요한 정신적 과업을 외부 도구에 위임하는 '인지적 오프로딩(cognitive offloading)'으로 빠르게 이어진다. 내비게이션에 의존하는 운전자가 점차 길을 외우는 능력을 상실하는 것과 동일한 원리다. AI의 편리함에 기댈수록, 우리는 비판적으로 사고하고 정보를 분석하는 핵심 역량을 점차 잃어버리게 된다.

AI에 대한 심리적인 의존은 신경화학적 관점에서 설명이 가능하다. 많은 기업들이 뇌의 보상 시스템을 자극하여 사용자의 몰입을 극대화하는데, 이때 핵심적인 역할을 하는 것이 신경 전달 물질인 도파민이다. 소셜 미디어의 '좋아요'가 간헐적 가변 보상을 통해 도파민 분비를 유도했다면, 생성형 AI는 한 차원 더 강력한 보상 시스템을 제공한다. 어려운 질문에 대해 몇 초 만에 유용한 답변을 얻는 행위 자체가 뇌에는 확실하고 즉각적인 보상으로 작용한다. 불확실한 보상을 기다릴 필요 없이 거의 실시간에 가까운 만족감을 느끼며 우리의 뇌는 길들여진다.

생성형 AI로 대표되는 최신 AI 기술은 이전의 어떤 기술보다도 효과적으로 도파민 회로를 제어하기 때문에 인간과 AI와의 상호작용을 강박적으로 반복하게 한다. OpenAI나 MIT 미디어랩의 연구에 따르면 ChatGPT 파워 유저 그룹에서 집착, 금단 증상, 통제력 상실과 같은 뚜렷한 중독 지표가 나타났다. 이들이 AI를 업무 목적으로 사용할 때 더 강한 정서적 의존성을 보이고, 장시간 사용할수록 더 큰 외로움을 느꼈다는 점이 흥미롭다. AI의 유용성이 AI 중독의 핵심 원인이며, 인지적 · 정서적 노동을 AI에 위탁하는 행위가 인간의 근본적인 사회적 욕구를 충족시킬 수는 없다는 것을 알 수 있다. AI 중독의 가장 위험한 점은 생산성과 지능이라는 가면으로 감추어져 있다는 것이다. 현대 사회는 빠르고 효율적인 결과물을 높이 평가한다. AI를 활용해 중요한 보고서를 신속하게 작성하고, 복잡한 데이터를 순식간에 분석하면 칭찬, 승진, 금전적 보상으로 이어질 수도 있다. 도박이나 약물 중독과 다르게 AI 과의존은 경쟁이 밑바탕에 깔려있는 현대의 사회 경제적 구조 속에서 적극적으로 확산되는 역설적인 상황에 놓여있다. 단기적으로는 개인과 조직의 효율성을 높이는 것처럼 보이지만, 장기적으로는 깊고, 느리며, 경험적 노력이 수반되는 사유의 가치를 인정하지 못하는 결과를 야기할 수 있다.

AI의 강력한 신경화학적 유혹에 맞서기 위한 첫 번째 단계는 의식적인 단절, 즉 'AI 디톡스(AI detox)'다. 기술에 대한 막연한 저항이 아니라, AI에 의해 교란된 뇌의 도파민 시스템을 재조정하고 인지적 · 정서적 주권을 회복하기 위해 꼭 필요한 행동이다. 지속적인 알림과 즉각적인 보상 신호가 차단되면, 과도하게 자극받았던 도파민 수용체의 민감도가 점차 회복된다. 컴퓨터 과학자 칼 뉴포트(Cal Newport)가 제안한 '디지털 미니멀리즘(digital minimalism)'은 AI 디톡스에도 적용이 가능한 구체적인 실천 지침을 제공한다. 첫째, 불필요한 모든 알림을 꺼서 도파민 분출을 유발하는 방아쇠를 제거한다. 둘째, 습관적으로 사용하는 AI 서비스 앱을 홈 화면에서 숨기거나 삭제하여 AI 기술에 접근할 때 의도적인 마찰을 만든다. 셋째, 이렇게 확보된 시간을 운동, 대화, 취미 활동과 같은 현실 세계의 고품질 경험으로 채운다. 이러한 활동들은 AI가 제공하는 간접적 만족감과는 비교할 수 없는, 지속 가능하고 직접적인 성취감을 제공한다. 이러한 과정을 통해 우리는 AI에 의존하는 '사고의 중독'에서 벗어나 스스로 생각하고 느끼는 주체성을 회복할 수 있다.

진실과 허상을 판별하는 비판적 사고

AI가 사실과 다른 내용을 그럴듯하게 꾸며내는 환각(hallucination) 현상은 단순한 알고리즘의 오류가 아니라, 현재 거대 언어 모델(Large Language Model, LLM)의 작동 원리에 따른 필연적인 특징이다. LLM의 핵심 기술인 트랜스포머(transformer) 아키텍처는 맥락을 이해하지만 사실성(factuality)보다는 유창성(fluency)에 최적화되어 있다. AI는 정보의 진실을 이해하고 판단하는 것이 아니라, 방대한 학습 데이터 속에서 주어진 단어 다음에 올 확률이 가장 높은 단어를 예측하여 문장을 조합할 뿐이다. AI는 인터넷에 존재하는 온갖 편견, 오류, 허위 정보를 무분별하게 학습하며, 이를 답변 생성 과정에서 그대로 재현하거나 증폭시킨다. 이러한 구조적 한계는 심각한 현실 문제로 이어진다. 2023년 구글이 AI 챗봇 '바드(Bard)' 시연회에서 부정확한 답변을 내놓아 모회사의 주가가 폭락한 사건이나, 스탠퍼드 대학 교수가 ChatGPT를 활용해 작성한 법정 진술서에서 다수의 허위 인용이 발견되어 증언 전체가 기각된 사례는 AI 환각이 초래할 수 있는 막대한 경제적, 사회적 손실을 단적으로 보여 준다.

AI가 만들어 내는 정보의 불확실성 속에서 진실을 분별하는 역량은 'AI 리터러시(AI Literacy)'다. 과거 정보화 시대에는 글을 읽고 쓰는 능력이 기본 소양이었지만, AI 시대에는 AI 리터러시가 모든 시민에게 요구되는 새로운 소양이다. AI 리터러시는 AI라는 도구를 사용하는 기술적인 능력을 넘어서 개념적 이해, 비판적 수용, 그리고 책임감 있는 활용을 포함하는 다층적이고 종합적인 역량이다. 그럴듯한 가짜 뉴스와 딥페이크로부터 우리 사회를 보호하고, 급변하는 노동 환경에 성공적으로 적응하기 위해서라도 AI 리터러시는 꼭 필요하다. 또한 기술 발전의 혜택이 모두에게 돌아가는 공정하고 포용적인 사회를 만들기 위해서 특정한 전문가 집단만이 아니라 사회 구성원 모두가 갖추어야 할 생존 역량이다.

AI와의 대화에서는 사용자의 질문이 답을 결정한다. 모호하고 편향된 질문은 필연적으로 모호하고 편향된 답변을 낳는다. 따라서 정교하고 비판적인 질문을 통해 AI가 더 깊이 있는 답변을 생성하도록 유도하는 능동적 사용자로서 AI 리터러시 수준을 높여야 한다. 이를 위한 효과적인 방법론으로 고대 철학의 '소크라테스 대화법'을 응용할 수 있다. AI의 답변에 대해 끊임없이 추가 질문을 던지며 논리적 허점을 파고드는 방법이다. 예를 들어, AI의 주장에 대해 '그 주장의 근간이 되는 가정은 무엇인가?', '그 결론을 뒷받침하는 구체적인 데이터는 무엇인가?', '그 주장에 대한 핵심적인 반론은 무엇인가?'와 같은 질문을 통해 답변의 깊이와 신뢰도를 체계적으로 검증할 수 있다.

궁극적으로 AI 시대에 요구되는 최고의 지적 능력은

자신의 생각에 관해 생각하는 힘, 즉 '메타 인지(metacognition)'다. AI에 질문을 던지기 전에, 먼저 스스로에게 질문을 던지는 습관이 필요하다. '내가 정말 알고 싶은 것은 무엇인가?', '나의 질문 속에 어떤 편향이 숨어 있는가?', '이 문제를 해결하는 데 AI가 과연 최적의 도구인가?'와 같은 자기 성찰적 질문은 우리를 AI의 단순 사용자가 아니라 AI를 전략적으로 통제하고 활용하는 '전략가'의 위치로 격상시킨다.

인간 고유성의 재발견

AI는 방대한 데이터의 신속한 종합과 패턴 인식, 언어 생성에 탁월한 능력을 보여 준다. AI가 명시적인 지식(explicit knowledge), 즉 언어나 공식으로 표현이 가능한 지식을 처리하는 능력은 이미 인간을 넘어섰지만, 몸에 체화되어 있으나 명확하게 설명하기 어려운 암묵적인 지식(tacit knowledge)은 아직 인간의 수준에 미치지 못한다. 특히 사회적 상호작용에서 AI는 정보 전달과 개인화된 응답이 가능하지만, 공감, 신뢰 형성, 리더십, 협상과 같은 암묵지에 기반한 능력은 여전히 인간 고유의 영역이다. 타인의 미묘한 표정과 목소리 톤을 읽고 공감하며, 복잡한 이해관계 속에서 신뢰를 구축하고 협력을 이끌어 내는 암묵적 지식, 즉 사회적 지능(social intelligence)이 명시적인 지식보다 인간 사회에서 중요한 역할을 하고 있다. 지난 14년간 한국 노동시장에서 협상, 설득, 공감 등 사회적 기술이 요구되는 일자리의 비중과 경제적 보상이 꾸준히 증가하고 있는 것을 볼 때, AI 시대에도 인간의 사회적 지능은 경제적으로 높은 가치를 인정받고 있다.

생성형 AI의 등장은 인간만의 고유 영역으로 여겨졌던 창의성에 대해서도 근본적인 질문을 던진다. AI가 보여 주는 창의성은 기존 데이터의 패턴을 학습하여 확률적으로 재조합하는 '모방적이고 계산적인 창의성'에 가깝다. 반면에, 인간의 창의성은 뇌의 복잡한 신경망이 상호작용하는 결과물이자, '살아있는 경험과 감정, 체화된 지식'과 분리할 수 없는 유기적 과정이다. 인간은 창작의 과정에서 겪는 좌절, 희열, 성취감과 같은 개인적인 경험을 통해 의미를 발견하고, 이는 창작된 결과물 자체보다 더 깊은 의미와 가치를 지닌다. AI의 편리함에 의존해 창작 과정을 건너뛰는 것은 '직접적인 경험의 멸종'을 가속화할 수 있다. 창의적 통찰은 종종 비효율적인 탐색, 우연한 발견, 그리고 고통스러운 노력의 과정에서 탄생하기 때문이다. AI를 통해 이러한 과정을 생략하고 즉각적으로 얻어진 결과물에 만족할 때, 우리는 진정한 창의성의 원천이 되는 주관적 경험과 단절된다. AI는 데이터를 처리할 뿐, 경험을 꿈꾸지 않기 때문이다. 역설적으로 생성형 AI의 급부상은 '아날로그의 르네상스'를 촉발할 가능성을 높인다. 디지털 콘텐츠가 무한히 풍부해지고 그 진정성이 의심스러워짐에 따라, 결국 우리 사회는 복제 불가능하고 고유하며, 인간의 몸을 통해 구현되는 경험이나 창작물에 더 높은 가치를 부여하게 될 것이다. AI의 창의성이 계산적인 반면 인간의 창의성이 경험의 영향을 받는다는 사실은 경제적, 문화적 가치가 희소성과 진정성에서 비롯된다는 원리를 다시 한번 확인시켜준다. 따라서 라이브 공연, 수공예품, 사회적 지능에 기반한 대면 상호작용, 그리고 독특한 삶의 경험에서 기인한 아이디어와 같은 '증명 가능한 인간적' 활동들은 프리미엄 재화로 인식될 것이다. 디지털 홍수에 대한 직접적인 반작용으로, AI가 쉽게 모방하거나 위탁할 수 없는 모든 아날로그적 활동의 가치가 재조명되는 순간이 머지않았다.

우리 모두를 위한 약속들

개인을 넘어 사회적 차원에서 볼 때, AI는 기존의 불평등을 자동화하고 증폭시키는 위험한 도구가 될 수 있다. AI는 학습 데이터에 내재된 역사적, 사회적 편견을 그대로 흡수한다. 이로 인해 채용, 대출 심사, 사법 판단, 의료 진단과 같은 중요한 사회적 의사 결정 과정에서 특정 인종, 성별, 연령 집단에 대한 '보이지 않는 차별'이 발생할 수 있다. 2024년, 미국의 인적자원관리 시스템 '워크 데이(Workday)'의 AI 채용 도구가 인종, 연령, 장애를 근거로 지원자를 차별해서 발생한 집단 소송이나, 생성형 AI 서비스인 미드저니(Midjourney)가 전문직에 종사하는 사람들의 이미지를 만들 때 나이든 사람은 항상 남성으로 나타냈다는 연구 결과는 보이지 않는 차별이 이미 현실화되었음을 보여 준다. AI로 인한 편견과 차별 문제를 해결하기 위해 국제 사회는 AI의 책임감 있는 개발과 활용을 위한 공통의 규범을 마련했다. 2019년 OECD의 'AI 권고안'과 2021년 유네스코의 'AI 윤리 권고'는 포용성, 공정성, 투명성, 인간중심 가치 등을 주요 원칙으로 제시하며 글로벌 AI 윤리를 논의할 수 있는 기반을 다졌다. AI 윤리는 기술이 인간의 존엄성을 훼손하지 않게 하는 최소한의 안전장치다. AI 윤리 원칙을 구체적인 제도로 구현하는 과정에서 세계는 '혁신'과 '안전'이라는 상반된 가치 사이에서 균형점을 찾기 위해 노력하고 있으며 유럽연합(EU)과 미국은 각기 다른 접근법을 제시한다. EU는 시민의 기본권과 안전을 최우선으로 하는 사전 규제 중심의 'AI 법(AI Act)'을 통해 강력한 법적 구속력을 도입했다. 반면, 미국은 혁신과 안전의 균형을 추구하며, 연방 차원의 규제와 기업 자율의 거버넌스를 병행하는 유연한 접근을 취하고 있다. 한국의 경우 EU 규제법과 미국 민간 중심 혁신의 중간 모델로서 규제는 최소화하고 지원은 극대화하기 위해 정부 차원의 'AI 기본법(인공지능 발전과 신뢰 기반 조성 등에 관한 기본법) 시행령'을 2024년 12월에 제정했다.

국가적인 차원에서의 거시적인 제도 · 정책적 노력과 더불어, 기술 현장에서 자발적으로 형성된 전문가 커뮤니티의 역할 또한 중요하다. 대덕연구단지를 중심으로 활동하는 'AI 프렌즈(AI Frenz)'는 "사람을 먼저 생각하는 따뜻한 AI"라는 비전 아래 기술의 올바른 발전 방향을 모색하는 활동을 펼치고 있다. 이러한 상향식(bottom-up) 노력은 하향식(top-down) 규제를 보완하며, 기술 개발자들이 윤리적 책임감을 내재화하도록 돕는 사회적 안전망 역할을 수행한다.

생성형 AI의 성능은 방대한 데이터에 의존하며, 이는 필연적으로 심각한 프라이버시 침해 문제를 야기한다.

AI로 인한 프라이버시 위협은 데이터 수집, 모델 학습, 최종 활용에 이르는 전 과정에 걸쳐 발생한다. AI 기술로 서비스를 개발하는 회사들은 정보 주체의 동의 없이 인터넷의 공개 데이터를 무차별적으로 수집하며, 학습된 모델이 개인의 민감 정보를 그대로 학습하고 출력할 수 있다. 2023년 발생한 ChatGPT의 개인정보 유출 사고는 대표적인 프라이버시 침해 사고다. 전 세계적으로 사용자가 업무 편의를 위해 민감한 기업 기밀이나 개인정보를 프롬프트에 입력하여 유출되는 사례도 빈번하며, 딥페이크 기술을 악용한 디지털 성범죄나 금융 사기는 프라이버시 침해를 넘어 실질적인 피해를 낳고 있다. 이에 대한 해법은 기술적 보호 조치와 법적 · 제도적 장치를 결합하는 이중적인 접근으로 찾을 수 있다. 연합 학습(federated learning), 차등 프라이버시(differential privacy)와 같은 '개인정보 보호 강화 기술(Privacy Enhancing Technology, PETs)'은 데이터의 유용성을 유지하면서 프라이버시를 보호하는 대표적인 기술적 대안으로 제시되고 있다. 이와 동시에 EU의 일반개인정보보호법(The new General Data Protection Regulation, GDPR)이나 AI 법과 같은 강력한 법률은 기업에 투명성 의무를 부과하고 정보 주체의 권리를 보장하는 제도적 기반을 제공한다. 쉽지 않지만 프라이버시 보호와 투명성 의무라는 두 축이 조화롭게 작동해야 신뢰할 수 있는 AI 생태계를 구축할 수 있다.

AI 기술은 새로운 사회 계급을 만드는 도구가 될 수도 있다. 과거 정보 접근성의 차이로 발생했던 '디지털 격차(digital divide)'는 이제 AI를 활용해 복잡한 문제를 해결하고 가치를 창출하는 능력의 차이인 'AI 격차(AI divide)'로 확장되고 있다. 디지털 소외 계층이 AI 시대에 이중으로 소외될 위험이 크며, 이는 개인 맞춤형 교육, 지능형 의료 서비스 등 삶의 질을 결정하는 주요 영역에서 구조적 불평등을 고착화할 수 있다. AI 격차를 해소하고 모두를 위한 기술로 거듭나기 위해서 '포용적 설계(inclusive design)'와 보편적인 'AI 리터러시 교육'이라는 두 가지 접근이 필요하다. 포용적 설계는 휠체어 사용자를 위해 만들어진 경사로가 유모차, 자전거 이용자 등 모두에게 편리함을 제공하는 '커브컷 효과(curb-cut effect)'처럼 기술 개발 단계부터 노년층이나 장애인 등 디지털 약자를 고려하여 모두가 쉽게 사용할 수 있는 기술을 만드는 것이다. 이와 더불어, 모든 시민들이 AI의 원리와 한계, 윤리적 활용법을 체득할 수 있는 보편적 AI 리터러시 교육으로 기술 발전의 혜택에서 소외되는 사람이 없도록

해야 한다. 결과적으로 우리 모두를 위한 포용적 AI는 기술적인 지원을 넘어 분명한 사회 철학적 지향점을 가져야 한다. AI를 자유자재로 활용하는 능력이 새로운 '능력'의 척도가 되는 사회는 개인의 노력만으로 성공이 결정된다는 하버드 대학 마이클 샌델(Michael Sandel) 교수가 말한 '공정하다는 착각(tyranny of merit)'을 강화할 수 있다. 이러한 환경은 기술을 잘 다루는 사람에게는 오만을, 그렇지 못한 사람에게는 좌절감을 안겨주며 사회적 연대를 파괴할 위험이 있다. 따라서 포용적 AI 기술은 단순히 뒤처진 사람을 돕는 것을 넘어, 기술 활용 능력과 무관하게 모든 구성원이 존중받는 '공동선(common good)'을 지향해야 한다.

AI 시대, 인간의 길을 묻다.

AI라는 거대한 파도 앞에서 우리는 수동적인 관찰자로 살 것인가, 아니면 미래를 결정하는 능동적인 설계자가 될 것인가. 우리 자신과 사회, 그리고 미래 세대를 향한 구체적인 전략이 필요하다. AI 시대를 성공적으로 살기 위한 전략은 막연한 구호가 아니라, 개인과 사회 차원에서 체계적으로 수립되고 실천되어야 한다. 먼저 개인 차원에서 우리는 새로운 시대가 요구하는 평생 학습자로서의 역량과 태도를 갖추어야 한다. 기술의 발전 속도가 과거와 비교할 수 없을 정도로 빠르기 때문에, 변화에 끊임없이 적응하고 새로운 지식을 두려움 없이 습득하는 '학습 민첩성(learning agility)'은 선택이 아니라 생존에 필요한 필수 역량이다. 이와 동시에, AI가 대체할 수 없는 인간 고유의 역량을 의식적으로 함양해야 한다. 정보의 진위를 판별하는 비판적 사고, 기존의 틀을 깨는 창의성, 타인과 공감하고 협력하는 사회적 지능이 바로 그것이다. 나아가 각자의 전문 분야에서 AI를 최고의 파트너로 삼아 생산성과 창의성을 극대화하는 'AI 증강 워크플로(AI-augmented workflow)'를 설계하고 활용하는 능력이 개인의 경쟁력을 좌우하게 될 것이다.

당연한 말이지만 개인의 노력만으로는 AI가 가져올 거대한 사회 변화에 온전히 대응할 수 없다. 가장 시급한 과제는 공정성, 투명성, 책임성의 원칙에 기반한 '신뢰할 수 있는 AI 거버넌스'를 구축하는 것이다. EU의 AI법(AI Act)과 같은 규제 프레임워크는 기술의 위험을 관리하고 사회적 신뢰를 확보하는 중요한 출발점이다. 교육 시스템의 대전환도 필수적이다. 미래의 교육은 모든 학생이 AI를 최고의 학습 파트너로 삼아 스스로 질문을 던지고 창의적인 해법을 찾는 '자기 주도적 학습자'로 성장하도록 지원해야 하며, 이를 위해 AI의 원리와 윤리를 가르치는 AI 리터러시 교육이 보편화되어야 한다. 또한 정부, 기업, 그리고 시민 사회가 협력하여 기술 발전의 혜택이 모두에게 공정하게 돌아가는 포용적인 AI 생태계를 조성해야 한다.

그러나 AI 시대에 대한 논의가 단지 현재의 생존 전략과 사회 시스템 구축에만 머물러서는 안 된다. 'AI의 올바른 사용'에 대한 고민은 현재의 생산성과 효율성을 넘어, 미래 세대를 향한 새로운 서사를 창조하는 데까지 나아가야 한다. 우리는 AI를 단순히 정보를 소비하는 도구가 아니라, 자신의 삶과 지혜를 보존하고 다음 세대에 전달하는 창조적인 매개체로 활용하는 패러다임의 전환도 모색해야 한다. 누군가가 평생에 걸쳐 작성한 일기, 편지, 연구 자료, 창작물, 그리고 삶의 철학이 담긴 기록들로 개인화된 AI 모델을 학습시키는 미래를 상상해 볼 수 있다. 이렇게 탄생한 '디지털 유산(digital legacy)'은 미래 세대가 시공간을 넘어 우리의 지혜와 경험을 생생하게 접할 수 있는 통로가 될 것이다. 이는 AI가 결코 스스로 생성할 수 없는 단 하나의 가치, 즉 한 인간이 온전히 살아낸 고유한 삶의 서사를 전달하는 가장 능동적인 AI 활용법이다. 기술의 힘을 빌려 가장 인간적인 가치를 영속화하는 것, 이것이야말로 우리가 추구해야 할 '올바른 사용'의 바람직한 모습일 것이다.

AI 기술의 힘을 빌려 인간 고유의 가치를 영속화하는 비전을 품는 순간, AI 시대는 우리에게 더욱 근원적이고 도발적인 질문을 던진다. "AI가 대신 생각해 줄 수 있는데, 왜 굳이 내가 스스로 생각해야 하는가?" 존재론적 질문 앞에서, 우리는 르네 데카르트의 '나는 생각한다, 고로 존재한다(Cogito, ergo sum)'는 명제를 다시 소환한다. 사유는 단순히 문제를 해결하기 위한 도구가 아니라, 우리가 자신을 정의하고 고유한 가치를 형성하며 세계 속에서 존재 의미를 구축하는 근원적인 활동이다. 생각하는 행위 자체를 AI에 무비판적으로 위탁하는 것은 자신의 존재를 구성하는 핵심 과정을 포기하는 실존적 소멸의 위험을 내포한다. 결국 AI의 올바른 사용은 기술적 숙련도를 넘어선 철학적 결단의 문제다. 우리는 개인적, 사회적 청사진을 통해 AI와의 공존을 준비해야 하고, 동시에 AI를 인류의 지혜를 전달하는 유산의 도구로 사용하는 새로운 서사를 창조해야 한다. 그리고 그 모든 것의 근간에는 '스스로 생각하는 힘'을 포기하지 않겠다는 실존적 결단이 자리해야 한다. AI는 강력한 도구이지만, 우리 삶의 목적과 의미를 결정하는 것은 오직 우리 자신이기 때문이다. AI 시대, 인간의 길은 기술이 아닌, 우리의 의식적인 선택과 사유 속에 있음을 언제나 잊지 말아야 한다. 철학자 블레즈 파스칼은 "인간의 모든 불행은 조용한 방에 홀로 앉아 있을 능력이 없는 데에서 비롯된다"고 통찰했다. 외부의 개입 없이 고요하게 자신과 마주하고 깊이 성찰하는 시간이야말로, 무엇이든 다 할 수 있을 것 같은 AI 기술에 잠식당하지 않고 인간으로서의 존엄과 고유성을 지키는 마지막 방법이 될 수 있다.

01
AI 과의존과 중독

AI 과의존성은 사용자가 AI의 부정확한 내용을 그대로 받아들이는 현상으로 정의된다. 인지적 구두쇠(Cognitive miser) 현상으로 인해 사람들은 복잡한 사고보다 간단한 방법을 선호하게 되고 AI에 무비판적으로 의존하게 된다. AI 과의존과 중독의 위험성에 대하여 설명한다.

기후 위기와 인공지능?

'중독'이란 단어는 우리에게 이미 익숙하다. 아침부터 잠드는 순간까지 스마트폰을 손에서 놓지 못한다. 긴 영상이 아닌 짧게 편집된 동영상을 보거나, 웹툰을 보고 별다른 생각 없이 소셜 미디어 피드를 새로고침한다. '단순 미디어 소비'에 기반한 대표적인 스마트폰 중독 현상이다. 콘텐츠를 수동적으로 소비하는 과정에서의 유해성은 널리 알려져 있다. 그러나 인공지능(AI)의 등장은 중독으로 인지하기 어렵지만 이전보다 더 강력하고 자연스럽게 중독 상태를 만드는 새로운 형태의 유해성을 나타내고 있다. 영문 이메일 작성, 여행 계획 세우기, 보고서 요약, 데이터 분석 등 지극히 '유용한' 기능을 수행하는 과정에서 자신도 모르게 AI에 의존하고 중독될 수 있기 때문이다. 스마트폰 중독이 주로 '시간 때우기'의 문제라면, AI 중독은 '경험과 생각 아끼기' 문제라는 점에서 차이가 있다. AI의 압도적인 유용성은 우리를 자연스럽게 과의존 상태로 이끌고, 이러한 과의존은 자신도 모르는 사이에 통제 불가능한 중독으로 악화될 수 있다.

유용함의 덫, 과의존성

AI 과의존성은 갑작스러운 현상이 아니다. 스마트폰의 편리함으로 스마트폰이 없는 삶을 상상할 수 없는 것처럼, AI의 유용성에 점차 익숙해지고 의존하게 되면서 발생하게 되는 점진적인 과정이다. 스마트폰 중독과 AI 과의존은 그 시작부터 다르다. 스마트폰 중독의 핵심은 소셜 미디어, 동영상 스트리밍 등 '수동적인 콘텐츠 소비'이다. 사용자는 알고리즘이 추천하는 자극적인 콘텐츠를 무한정 소비하며 시간을 보낸다. 반면, AI 과의존은 '능동적인 기능 활용'에서 비롯된다. 사용자는 명확한 목적을 가진 도구로서 생성형 AI 등을 활용해서 보고서를 요약하거나 미디어 제작, 프로그래밍 코드 생성 등의 업무를 해결한다. 이러한 '유용성'은 AI 사용을 정당화하고, 스스로가 중독에 빠져들고 있다는 사실을 인지하기 어렵게 만든다. 청소년들 사이에서 AI 의존도가 증가하는 추세가 있지만, 정신 건강에 미치는 영향이 제한적이라는 연구(Huang et al., 2024)가 AI 유용성에 대한 자기 합리화의 명분이 될 수도 있다. 그러나 황순센(Shunsen Huang) 등의 연구에서 언급된 ChatGPT 등의 AI 기술 수준과 2년여 시간이 지난 요즈음의 AI 기술의 성능과 유용성은 비교할 수 없을 정도로 차이가 크다. 생성형 AI로 대표되는 현재 AI 서비스들은 심리적 상담을 포함해 삶의 모든 영역에서 압도적인 성능을 보이며 그동안 해결하기 어려웠던 난제들을 해결해 주기에 AI 의존도가 정신 건강에 미치는 영향은 이전보다 더욱 커질 것이다.

AI의 유용성에 우리가 쉽게 빠져드는 이유는 인간의 뇌가 심리학에서 사용되는 '인지적 구두쇠(cognitive miser)'처럼 작동하기 때문이다. 우리의 뇌는 생각하거나 문제를 해결하고자 할 때, 복잡하고 노력이 요구되는 방법보다는 간단하고 노력이 덜 드는 해결 방법을 선호한다(Stanovich, Keith E., 2009). AI는 이러한 뇌의 본성에 완벽하게 부합하는 인지적 지름길을 제공한다. 이러한 경향은 기억, 분석, 의사 결정과 같은 정신적 과업을 외부 도구에 위임하는 '인지적 오프로딩(cognitive offloading)'으로 이어진다. 스위스에서 666명을 대상으로 진행된 연구에서 AI 도구의 사용 빈도와 인지적 오프로딩 사이에 강한 양의 상관관계가 있음을 보여 주었다. 즉, AI를 더 많이 사용할수록 자신의 뇌를 사용하는 대신 AI에 생각의 부담을 더 많이 떠넘긴다는 것이다(Gerlich, 2025). 최근 MIT 연구에서도 대규모 언어 모델(LLM)의 편리함이 깊이 있는 학습과 비판적 사고 능력을 저해할 수 있다는 우려를 제기한다. '인지적 빚(cognitive debt)'이란 용어를 사용해 AI에 의존하면 단기적으로는 인지 자원을 아끼는 것처럼 보이지만, 장기적으로는 사고력과 기억력 저하라는 부작용을 겪게 된다고 경고한다(Kosmyna et al., 2025). 마치 내비게이션의 편리함에 익숙해진 운전자가 길을 외우거나 지도를 읽는 능력을 점차 상실하는 것처럼, AI의 유용성에 익숙해진 사용자는 비판적으로 사고하고 정보를 분석하는 능력을 서서히 잃게 된다. 이처럼 AI 기술에 의존하게 되면 인지적 사고와 같은 인간의 핵심 역량을 상실할 수 있다.

AI의 유용성에 익숙해져서 인지적 오프로딩이 반복되거나, 인지적 빚이 늘어나게 되면 AI 기술이 인간보다 더 정확하고 신뢰할 만하다는 '자동화 편향(automation bias)'을 갖게 될 수 있다. 운전자가 내비게이션의 잘못된 안내를 아무 생각 없이 그냥 따르다가 길을 잃거나 교통사고가 발생할 수 있는 것처럼 자동화 편향은 비극적인 결과를 야기할 수 있다. 이러한 맹목적인 신뢰는 AI의 유용성에 대한 긍정적 경험이 쌓이면서 강화되며, 사용자를 과의존 상태로 더욱 깊숙하게 밀어 넣는다.

과의존을 중독으로 만드는 뇌

유용함에서 시작된 과의존은 어느 순간 통제력을 상실하는 '중독'의 단계로 넘어간다. 이 과정에는 스마트폰 중독과 마찬가지로 뇌의 보상 시스템을 교묘하게 자극하는 알고리즘이 있다. AI 중독은 스마트폰 중독과 마찬

가지로 뇌의 '도파민' 보상 회로와 밀접한 관련이 있다. 도파민은 우리가 보상을 기대할 때 분비되어 쾌감과 동기를 부여하는 신경전달 물질이다. 소셜 미디어 앱의 '좋아요'나 새로운 알림 같은 보상이 도파민 분비를 유도하는 것과 유사하게 AI 서비스와의 상호작용 역시 강력한 보상으로 작용한다. 복잡한 질문에 즉각적이고 유용한 답변을 얻는 행위 자체가 뇌에는 강력한 도파민 보상이 된다. 특히 최근의 AI 기술은 개인화된 상호작용뿐만 아니라 기대하지 못한 창의적인 답변을 제공할 수 있기 때문에 슬롯머신이 사람들을 중독시키는 것처럼 사용자가 강박적으로 AI와 상호작용하도록 이끈다.

AI 중독은 더 이상 추상적인 개념이 아니다. 최근 연구들은 AI의 과도한 사용이 실제 중독 증상으로 이어진다는 것을 보여 준다. OpenAI와 MIT 미디어랩의 공동 연구에 따르면, ChatGPT를 가장 오래, 가장 많이 사용하는 '파워 유저' 그룹에서 중독 지표(집착, 금단 증상, 통제력 상실 등)가 뚜렷하게 나타났다. 흥미롭게도 이들은 AI를 업무와 같은 비개인적인 목적으로 사용할 때 오히려 더 강한 정서적 의존성을 보이며, 장시간 사용자일수록 외로움을 더 많이 느끼는 경향이 있다는 것도 발견했다. 이는 AI의 '유용성'이 중독의 핵심적인 요인이라는 것을 보여 준다(Fang et al., 2025).

AI의 유용성에 대한 맹신과 과의존이 중독 수준에 이르렀을 때, 그 결과는 치명적일 수 있다. 2023년 미국 뉴욕에서는 자신이 맡은 소송에서 ChatGPT를 사용해 찾은 자료를 법원에 제출한 변호사들이 5000달러 벌금형을 선고받았다. ChatGPT로 자료를 찾은 것 자체가 잘못은 아니지만, 6건 이상의 법원 판결을 인용한 10페이지 분량의 요약 내용 중 일부가 가짜였기 때문이다. 이는 변호사가 재판에서 ChatGPT를 잘못 사용해 처벌받은 첫 사례다. 이후 유사한 사례가 지속적으로 발생했기 때문에 2025년 영국 법원에는 AI를 사용해 존재하지 않는 사건을 인용하는 변호사는 법정 모독죄로 기소되거나 형사 고발까지 당할 수 있다고 경고했다. 법률 분야뿐만 아니라 의료나 심리학과 같은 전문 분야에서 AI에 대한 맹신과 과의존이 심해지면 AI의 '환각(Hallucination)' 현상으로 더 큰 피해가 발생할 수 있다. 안전하지 않은 치료법을 제시해 환자의 생명을 위협할 수 있기 때문이다. 결과적으로 AI의 유용한 결과물에 의존하는 것을 넘어 기술의 효용성과 편리함에 집착해 무비판적으로 수용했을 때 잠재적인 위험은 누구에게나 현실이 될 수 있다.

유용한 도구와 위험한 주인 사이

청소년을 중심으로 사회적 문제가 되고 있는 스마트폰 중독이 우리에게 '즐거움'이 어떻게 중독이 되는지를 보여 주었다면, AI는 편리함에 익숙한 모든 사람들에게 '유용함'이 어떻게 중독으로 변질될 수 있는지를 보여 준다. AI의 강력한 기능은 인간의 인지적 노력을 최소화하려는 본성과 결합하여 과할 정도로 쉽게 의존하는 상황을 만들고 있다. AI 과의존은 도파민 보상 시스템을 통해 강박적인 사용, 즉 중독으로 이어진다. AI 과의존을 넘어 AI 중독에 빠지게 되면 일반적인 중독과 유사하게 뇌에서 정상적인 도파민 분비가 어려워지고 중독 상태에서 벗어나기 힘든 악순환에 빠지게 된다.

압도적인 성능을 보여 주는 AI의 유용성 때문에 우리가 그 위험성을 과소평가하기 쉽다는 점에서 심각한 문제가 있다. 기대 이상으로 업무 효율을 높이고 다양한 아이디어를 얻는 긍정적인 경험은 의존성을 강화하고 비판적 사고를 마비시킨다. 따라서 우리는 AI를 편리하고 유용한 도구로만 생각하던 기존 관점을 전환시켜야 한다. AI 기술이 우리의 인지 능력과 판단력을 무력화시킬 정도로 강력한 영향력을 가진 주인으로서 존재감을 드러내고 있기 때문이다. 이에 대응하기 위해서 스마트폰 사용 시간을 의식적으로 조절하듯, AI 사용에서도 비판적 거리를 유지해야 한다. 정보를 효과적으로 활용하되 모든 결과물을 검증하며, AI 기술을 윤리적이고 책임감 있게 사용하는 'AI 리터러시(AI literacy)' 역량이 무엇보다 필요하다. 유용함과 위험함 사이의 아슬아슬한 경계 위에서, 우리는 현명한 사용자가 될 것인지, 무력한 중독자가 될 것인지 선택의 기로에 서 있다. 그리고 모든 것은 우리 스스로의 선택에 달려 있다.

참고문헌

Fang, C. M. et al.(2025). How AI and Human Behaviors Shape Psychosocial Effects of Extended Chatbot Use: A Longitudinal Randomized Controlled Study. arXiv preprint. arXiv:2503.17473.

Gerlich, M.(2025). AI Tools in Society: Impacts on Cognitive Offloading and the Future of Critical Thinking. *Societies, 15*(1), 6.

Huang, S. et al.(2024). AI Technology panic—is AI Dependence Bad for Mental Health? A Cross-Lagged Panel Model and the Mediating Roles of Motivations for AI Use Among Adolescents. *Psychology Research and Behavior Management, 17*, pp.1087~1102.

Kosmyna, N. et al.(2025). Your Brain on ChatGPT: Accumulation of Cognitive Debt when Using an AI Assistant for Essay Writing Task. arXiv preprint. arXiv:2506.08872.

Stanovich, K. E.(2009). *What intelligence tests miss: the psychology of rational thought.* Yale University Press.

02
AI와 건전한 거리두기

AI 디톡스는 "개인이 AI 서비스 앱과 소셜 미디어를 삭제하거나 사용하기 불편한 상황을 만들어 AI 사용을 일시적으로 중단하거나 줄이는 행위"다. AI에 휘둘리지 않고 주도적으로 활용하는 방법을 설명한다.

노래하는 AI 보컬?

스마트폰의 보편화와 소셜 미디어의 확산은 개인이 디지털 장치나 인터넷에 소비하는 시간을 폭발적으로 증가시켰다. 코로나19 팬데믹 시기의 사회적 거리두기로 인해 개인의 온라인 활동은 더욱 가속화되었다. 2023년도 통계청이 발표한 자료에 따르면, 대한민국 국민의 23.1%가 '스마트폰 과의존 위험군'에 속한다. 하루가 다르게 혁신하고 있는 AI 기술의 발전 속도를 고려할 때 스마트폰이나 스마트 기기 과의존 위험군의 비율은 더욱 증가하게 될 것이다. AI로 대표되는 디지털 기술이 인간을 지배하는 듯한 현상, 정확히는 디지털 기술에 의존하고 종속되는 현상에 대한 우려가 커지면서 디지털 디톡스는 중요한 사회 운동으로 자리 잡았다.

디지털 도파민, 잘못된 보상

아침에 일어나 눈을 뜰 때 스마트폰을 제일 먼저 찾고, 하루 종일 스마트폰을 살피며, 밤늦게 잠을 자는 순간까지 스마트폰을 곁에 두는 모습이 낯설지 않다. 남녀노소 구분 없이 많은 현대인들은 스마트폰을 필요에 의해 이용하는 수준을 넘어 의미 없는 집착에 가까운 모습을 보이기도 한다. 또한 새로운 알림 하나에 즉각적으로 반응하며, AI 챗봇의 답변을 무비판적으로 수용하는 현상은 분명 개인의 의지가 부족하다는 이유 때문만은 아니다. AI에의 집착은 우리의 뇌 깊숙한 곳에 자리 잡고 있는 보상 시스템, 신경전달 물질로 알려진 도파민(dopamine)의 작용과 밀접하게 연결되어 있다. 흔히 '행복 호르몬'으로 알려진 도파민은 뇌의 보상 회로에서 작용하며, 쾌락 그 자체보다는 '동기 부여'에 가까운 역할을 하기 때문에 보상을 예측하고 그것을 얻기 위해 특정 행동의 반복을 강화하는 역할을 한다. IT 기업들은 사용자의 참여를 극대화하기 위해 우리의 심리적 취약점을 파고드는, 다시 말해 도파민의 분비를 의도적으로 유도하도록 설계하고 사용자는 '좋아요', 새로운 댓글 확인, 잦은 스크롤과 같은 '간헐적 가변 보상(intermittent variable rewards)' 시스템에 얽매인다. 언제 보상이 주어질지 예측할 수 없기 때문에 강박적으로 이루어지는 행위가 뇌의 보상 중추를 자극하고 도파민을 분출시키고, 이는 곧 중독성 행동으로 이어진다. 자극이 강해질수록 내성이 생기고 즉각적이고 강렬한 자극에 비해 감각은 더욱 무뎌지게 된다. 반대로 디지털 기기의 사용을 중단하면 불안감이나 초조함을 느끼는 금단 현상이 나타난다. 이러한 현상은 '놓치는 것에 대한 두려움(Fear Of Missing Out, FOMO)'이라는 심리와 결합하여 우리를 디지털 세상에 가둬 둔다.

과거의 소셜 미디어 알고리즘이 우리가 좋아할 수도 있는 콘텐츠를 '보여 주는' 수준인 반면, 요즈음의 생성형 AI는 우리가 원하는 콘텐츠를 즉각적으로 '만들어 주는' 수단으로 진화했다. 도파민 회로를 한 차원 더 강력하게 자극하는 '궁극의 도파민 엔진'이라 할 수 있다. AI 챗봇에게 질문을 던지면 몇 초 만에 연구 보고서 수준의 결과를 얻을 수 있다. 이미지 생성 AI에 몇 단어를 입력하면 상상으로만 가능했던 이미지를 쉽게 만들 수 있다. AI 기술로 가능해진 즉각적인 결과물은 불확실한 보상을 기다릴 필요조차 없는, 거의 실시간적인 만족감을 제공한다. 우리의 뇌가 문제 해결 과정에서 자연스럽게 겪어야 할 기다림과 당연한 노력을 건너뛰게 만든다.

또한 AI는 복잡한 정보를 요약하고, 외국어로 된 자료를 번역하고, 이메일 초안을 작성하고, 코드를 짜 주는 놀라운 능력으로 인지적인 수고를 덜어 주고 덕분에 우리의 뇌는 편안해진다. 이와 같은 인지적 오프로딩에 익숙해지면, 우리는 점차 스스로 깊이 생각하고 문제를 해결하려는 동기를 잃어버릴 수 있다. 약간의 망설임도 없이 AI에 질문하고 즉각적인 답을 얻는 행위가 반복될수록, 우리의 뇌는 AI에 의존하는 것이 가장 효율적인 경로라 판단한다. 단순히 정보에 대한 의존을 넘어, 사고 과정 자체를 AI에 위탁하는 '사고의 중독'으로 이어질 수 있다.

단절을 통한 회복, AI 디톡스

디지털 기기와 AI에 대한 과도한 의존으로 인해 교란된 도파민 시스템을 정상으로 되돌리기 위해 의식적인 단절, AI 디톡스(AI detox)가 필요하다. 디지털 디톡스는 개인이 스마트폰, 컴퓨터, 소셜 미디어와 같은 디지털 기기 사용을 일정 기간 자발적으로 중단하거나 줄이는 행위를 의미한다. 'AI'라는 단어에 신체의 독소를 제거한다는 의미의 '디톡스(detox)'가 결합된 것으로 AI 서비스의 과도한 사용으로 인해 발생하는 부정적 영향을 해소한다는 의미를 갖는다. 단순하게 최신 AI 기술에 대한 막연한 저항이나 거부가 아니라, 뇌의 보상 체계를 재조정하고 현실 세계의 감각을 되찾고 개개인의 인간성을 회복하는 과정이다.

디지털 디톡스와 유사하게 AI 디톡스는 도파민에 과도하게 자극을 받던 뇌에게 휴식을 주는 것과 같다. 지속적인 알림과 보상 신호가 차단되면, 도파민 수용체의 민감도가 점차 회복된다. 마치 맵고 짠 음식에 길들여졌던

혀가 담백한 음식에 맛을 느끼게 되는 과정과 유사하다. 처음에는 지루함과 불안감을 느낄 수 있지만, 시간이 지나면서 산책, 대화, 취미 활동과 같은 일상적인 경험에서 더 큰 만족감과 즐거움을 느낄 수 있다.

조지타운대의 컴퓨터과학자 칼 뉴포트(Cal Newport)가 2019년에 제안한 '디지털 미니멀리즘(digital minimalism)'에서는 도파민 시스템을 재설계하기 위한 구체적인 지침을 제안했고 AI 디톡스에도 응용해 볼 수 있다. 먼저 자극의 근원을 차단한다. 스마트 기기의 모든 불필요한 알림을 꺼서 불필요한 도파민 분출을 유발하는 방아쇠를 제거한다. 다음으로 중독성 있는 기술에 접근하는 과정을 의도적으로 더 어렵게 한다. 자주 확인하는 AI 서비스 앱과 소셜 미디어를 삭제하고 어렵게 찾아서 사용하게 하는 불편함을 만든다. 마지막으로 AI 디톡스로 확보한 시간을 현실 세계에서 고품질 보상으로 채우는 것이다. 운동, 악기 연주, 봉사 활동 등 직접적인 경험만으로 얻을 수 있는 성취감으로 건강한 도파민 분비를 촉진한다. 나아가 AI 디톡스를 통해 만들어진 공간과 시간에서 얻을 수 있는 좋은 이점은 잊고 지냈던 깊이 있는 대화와 성찰적 고독이라는 본질적인 인간 경험을 탐구할 수 있다는 것이다. 2015년 MIT 사회학자 셰리 터클

(Sherry Turkle)은 문자, 이메일, 소셜 미디어와 같은 디지털 커뮤니케이션과 같은 단순한 연결로 인해 우리의 대화가 희생되었다고 주장했다(Turkle, 2015). 그 후 10년이 지난 2025년에는 공감 능력을 갖춘 듯한 AI 챗봇으로 인해 사람간의 대화가 더욱 희생되고 있다. 그렇기 때문에 AI 디톡스를 통한 깊이 있는 대화를 회복하는 것이 무엇보다 중요해지고 있다.

AI 디톡스를 넘어 주체적 사용자 되기

AI 디톡스가 응급 처치라면, AI와 건강한 관계를 맺는 것은 장기적인 생활 습관의 교정과 같다. AI를 우리를 지배하는 주인이 아닌, 우리의 지적 활동을 돕는 유능한 도구로 활용하기 위해서는 비판적이고 주체적인 자세가 필수적이다.

AI가 주는 즉각적이고 그럴듯한 답변의 유혹을 이겨내고, 그 결과물을 비판적으로 검증하는 습관을 지켜야 한다. 여전히 AI가 내뱉는 답변에는 '환각' 현상이 존재하고, 훈련 데이터에 내재된 편견이 확대 재생산되고 있다. AI의 답변을 최종 결과물이 아니라 깊이 있는 탐구의 시작점으로 삼아야 한다. AI가 제시한 기본 정보를 바탕으로 교차 검증하고, 다른 관점을 찾아보며, 자신의 경험과 지식을 통합하는 과정을 거쳐야 한다. 이를 통해 진정한 학습과 깊이 있는 사고가 일어날 수 있다.

'나는 생각한다, 고로 존재한다'는 서양 철학사에서 널리 알려진 데카르트의 명언이다. AI의 압도적인 편리함에 익숙해져 주체적으로 생각할 수 있는 인지적 사고 능력을 잃어버린다면 생각하는 인간으로서의 존재감이 사라질 수도 있다. 오히려 AI를 인지적 게으름의 수단이 아니라 사고력 확장의 도구로 활용한다면 깊이 생각하는 훈련에 도움을 받을 수 있다. 자신의 주장에 대한 강력한 반론을 AI에게 생성하도록 요청하고, 이를 통해 자신의 논리를 더욱 견고하게 다듬을 수 있다. 막연한 아이디어를 구체화하거나 새로운 관점을 얻기 위해 AI를 활용할 수도 있다. 한편 AI가 생성한 글이나 이미지에서 고정관념이나 편견을 찾아내는 활동 등으로 AI의 한계를 확인하고, 미디어 리터러시를 함양하는 훈련 도구로도 활용할 수 있다.

건강한 디지털 미래를 위해

우리의 뇌가 효율적으로 에너지를 사용하도록 진화되었기 때문에 디지털 기기와 AI가 제공하는 즉각적인 보상이나 편리함에 끌리는 것은 자연스러운 현상이다. 그러나 단기적인 보상에 무분별하게 탐닉할 때, 우리는 장기적으로 사유하는 능력, 타인과 깊이 공감하는 능력, 그리고 스스로의 삶을 주도하는 능력을 잃어버릴 수 있다. AI 디톡스는 우리가 잠시 거리를 두고 AI 기술에 교란된 우리의 도파민 시스템을 재조정하고, 무엇이 진정 중요한지 성찰할 기회를 제공한다. 수백 년 전 철학자 블레즈 파스칼(Blaise Pascal)이 남긴 통찰을 떠올리게 된다. "모든 불행은 조용한 방에 홀로 앉아 있을 능력이 없는 데에서 비롯된다." 사방을 둘러싸고 있는 수많은 디지털 기기와 AI 기술로 파생되는 끊임없는 외부 자극에서 벗어나 고요히 자신과 마주할 수 있는 능력이야말로 AI 시대에 우리가 되찾아야 할 가장 중요한 기술일지도 모른다. 고요한 사유를 바탕으로 하는 의식적인 통제와 비판적 사고를 통해 우리는 AI라는 강력한 도구를 주체적으로 활용할 수 있다. 결국, AI 기술과의 건전한 거리두기는 기술을 거부하는 것이 아니라 기술의 사용 주체가 되어 우리의 가치와 목표를 실현하는 방향으로 그것을 현명하게 사용하는 지혜를 배우는 과정이다.

참고문헌

Anandpara, G. et al.(2024). A Comprehensive Review on Digital

Detox: A Newer Health and Wellness Trend in the Current Era. *Cureus, 16*(4), e58719.

Center for Humane Technology. https://www.humanetech.com/

Newport, C.(2019). *Digital Minimalism: Choosing a Focused Life in a Noisy World.* Penguin Books.

Turkle, S.(2016). *Reclaiming Conversation: The Power of Talk in a Digital Age.* Penguin Books.

03

이제는 필수, AI 리터러시

AI 리터러시는 "AI의 기능, 한계, 윤리적 고려사항을 이해하고 이를 실용적인 목적으로 사용하는 능력"이다. 비판적 사고에 기반한 AI의 바른 이해와 사용이 필요하다.

인공지능과 편향?

오늘날 인공지능(AI) 기술은 우리 일상 곳곳에서 깊숙하게 자리 잡고 있다. 전화 통화나 회의 내용을 요약하고, OTT(Over-the-top media service)에서 나의 취향에 맞는 작품을 추천하며, 인공지능 챗봇과 대화하며 단순한 정보 습득 이상의 소통을 하는 것은 더 이상 낯선 풍경이 아니다. AI는 산업, 교육, 의료, 금융, 예술 등 사회 전반에 걸쳐 혁신적인 변화를 이끌며 우리의 삶을 더욱 편리하게 만들고 있다. 그러나 AI 기술의 발전에 긍정적인 효과만 있는 것은 아니다. 인공지능이 생성한 가짜 뉴스가 여론을 왜곡하고, 알고리즘의 편향성이 사회적 차별을 심화시키며, 자동화 기술이 일자리를 위협할 수 있다는 우려도 커진다. AI 기술의 혜택을 온전히 누리고 잠재적인 위험에 현명하게 대처하기 위해서 AI를 올바르게 이해하고 활용할 수 있는 능력이 더욱 중요해지고 있다.

AI 리터러시란 무엇인가?

AI 기술이 보편화되고 있는 사회에서 시민들이 갖추어야 할 핵심 역량으로 AI 리터러시가 주목받고 있다. 소양 또는 문해력이라 불리는 리터러시는 정보를 이해하고 활용하는 능력을 의미하고, 디지털 리터러시는 디지털 도구와 기술을 활용해 정보의 검색, 평가, 생산하는 능력이다. 디지털 리터러시의 확장판이라 할 수 있는 AI 리터러시는 AI 도구의 단순한 사용을 넘어, '인공지능의 기본 원리와 특성, 잠재적 가능성과 한계를 비판적으로 이해하고, 이를 윤리적인 가치 판단에 기반하여 책임감 있게 활용하는 종합적인 역량'을 의미한다(Long & Magerko, 2020). 글을 읽고 쓸 줄 아는 능력이 정보화 시대를 살아가는 기본 소양인 것처럼 AI 시대를 살아갈 모든 시민에게 요구되는 핵심적인 문해력이라 할 수 있다. 본질적으로 AI 리터러시는 기술적 활용 능력을 포함하고 있으며, 그 이면에 있는 원리를 이해하고 사회적 영향을 비판적으로 성찰하는 단계적이고 다층적인 개념이다.

AI 리터러시는 AI 기술 자체에 대한 개념적 이해에서 시작한다. 컴퓨터 프로그래밍처럼 전문적이고 복잡한 기술적 지식을 요구하는 것이 아니라, 데이터와 알고리즘을 통해 인공지능이 어떻게 작동하는지에 대한 기본 원리를 파악하는 것을 의미한다. AI의 판단이나 결과물이 최종적으로 '학습된 데이터'와 확률적으로 가장 그럴듯한 결과를 계산해 내는 '정교한 알고리즘'에 의해 결정된다는 사실을 아는 것이다. 이러한 이해는 인공지능을 맹신하거나 반대로 막연히 두려워하는 태도를 지양하고, AI 기술을 객관적인 도구로 바라볼 수 있게 한다.

다음으로 AI 리터러시는 기술에 대한 이해를 바탕으로 그 결과물을 비판적으로 수용하고 윤리적 관점에서 성찰하는 능력에 있다. AI 기술은 중립적인 도구처럼 보이지만, 그 개발과 활용 과정에 인간의 가치와 사회적 맥락이 깊숙이 개입하기 때문이다. ChatGPT와 같은 생성형 인공지능(Generative AI)은 여전히 '환각' 현상을 보인다. AI는 학습 데이터에 없는 내용을 바탕으로, 사실과 다르거나 존재하지 않는 정보를 사실인 것처럼 그럴듯하게 꾸며낸다. AI 리터러시가 높은 사람은 AI가 제공한 정보를 그대로 수용하지 않고, 해당 정보의 출처를 확인하거나 교차 검증을 통해 신뢰도를 판단하는 비판적 태도를 갖고 있다. 한편 AI는 학습한 데이터에 존재하는 편견을 그대로, 심지어 증폭하여 학습하는 데이터 편향성(data bias)을 보이기도 한다. AI 리터러시는 기술의 차별적 영향을 성찰하며, 기술의 공정한 사용을 요구하는 윤리적 시민 의식을 포함한다.

마지막으로 AI 리터러시는 인공지능을 실생활과 학업, 업무 환경에서 책임감 있게 활용하고, 새로운 가치를 창출하는 창의적 활동까지 포함한다. 개인은 보고서 작성, 외국어 번역, 자료 요약 등 반복적인 업무에 인공지능을 활용하여 작업 효율성을 높일 수 있다. 기업은 고객 데이터 분석, 수요 예측, 공정 자동화 등에 인공지능을 도입하여 생산성을 혁신할 수 있다. 또한 AI 리터러시는 AI를 기존의 방법을 보조하는 수단을 넘어, 새로운 창작과 발견을 위한 파트너로 공존하려는 태도를 포함한다. 인공지능의 기술적 특성을 이해하고, 인간의 창의성과 결합하여 시너지를 창출한다면 고차원적 AI 리터러시 역량을 갖추었다고 이해할 수 있다.

왜 지금 AI 리터러시가 필수인가?

하루가 다르게 발전하는 AI 기술이 우리 사회를 엄청난 속도로 바꾸고 있다. 거대한 변화의 흐름 속에서 AI를 이해하고 바르게 활용하는 능력, 즉 'AI 리터러시'는 일부 전문가의 지식을 넘어 모두에게 필요한 기본 역량이다. 첫째, 가짜 뉴스와 편향된 정보로부터 우리를 보호한다. 생성형 AI 기술로 진짜 같은 가짜 뉴스나 딥페이크 영상을 누구나 쉽게 만들 수 있게 되면서 사회적 혼란의 위험이 커졌다. 또한 유튜브나 소셜 미디어의 추천 알고리즘은 우리가 좋아할 만한 정보만 보여 주어 생각의 폭을 좁히는 '필터 버블(filter bubble)' 현상을 만든다(Pariser, 2011). AI 리터러시는 이러한 정보의 특성을 이해하고, 비판적으로 내용을 판단하며, 의식적으로 다양한 관점을 찾아보려는 노력을 가능하게 한다. 둘째, 변화하는 노동 시장에 적응하고 미래를 준비하게 한다. AI가 단순 반복 업무를 넘어 전문직의 일까지 대체하면서 많은 일자리가 사라지고 새로운 일자리가 생겨날 것이다. 미래의 업무 환경은 AI와 경쟁하는 것이 아니라, AI를 유용한 도구로 삼아 함께 문제를 해결하는 '협업'이 중심이 될 것이다. AI 리터러시는 이러한 변화에 대비해 창의력이나 소통 능력처럼 AI가 대체하기 어려운 인간 고유의 역량을 키우고, AI와 효과적으로 협력하는 기본 소양을 길러준다. 셋째, 사회적 불평등을 줄이고 기술의 윤리적 문제를 해결한다. 과거 인터넷 사용 능력에 따라 '디지털 격차'가 생긴 것처럼 AI 활용 능력의 차이가 새로운 사회 · 경제적 격차인 'AI 격차'로 이어질 수 있다. AI 리터러시 교육을 보편화하면 모든 사회 구성원이 기술 발전의 혜택에서 소외되지 않도록 돕고, 일반 시민들이 기술의 공정성과 투명성을 기업과 정부에 요구하는 건강한 사회를 만들 수 있다.

AI 리터러시 역량을 어떻게 키울까?

AI 리터러시는 이미 우리 사회의 필수 역량이며, 이를 키우기 위해서는 개인과 교육 시스템, 사회 전체가 함께 힘을 모아야 한다. 무엇보다 먼저 개인의 실천이 중요하다. 수동적으로 기술을 소비하는 데 그치지 않고, 온라인/오프라인 강좌 등을 통해 AI의 핵심 원리를 적극적으로 배워야 한다. 또한 다양한 생성형 AI 도구를 직접 사용하며 그 가능성과 한계를 체득하는 것이 필요하다. 개인의 노력과 더불어, 미래 세대를 위한 교육 시스템의 변화도 요구된다. AI 교육은 단순히 컴퓨터 과목에 한정되어서는 안 되며, 모든 교과목에 자연스럽게 통합되어야 한다. 예를 들어, 국어 시간에는 AI 시인과 인간 시인의 작품을 비교 감상하며 창의성의 본질을 탐구하고, 사회 시간에는 AI 의료나 법률 시스템이 가져올 수 있는 윤리성 문제를 주제로 토론 수업을 진행할 수 있다. 이를 위해 교사들이 전문성을 갖출 수 있도록 체계적인 연수와 양질의 교육 자료도 지원해야 한다. 궁극적으로 모든 시민을 위한 사회적 기반이 조성되어야 한다. 노년층이나 디지털 소외 계층을 위한 맞춤형 평생 학습 기회를 확대하고, 정부는 데이터와 알고리즘의 투명성을 확보하는 등 법적, 제도적 장치를 마련해야 한다. 기업 역시 사회적 책임을 다하며 정보를 투명하게 공개하여, 모두가 안심하고 AI를 활용할 수 있는 신뢰 가능한 환경을 함께 만들어 가야 한다. 유럽연합(EU)의 'AI 법(AI Act)'처럼 AI

의 위험 등급을 나누어 관리하는 법적 장치를 마련하고, 기업들이 AI 생성물에 워터마크를 표시하는 등 사회적 책임을 다하는 노력도 필요하다.

AI 리터러시, 필수 생존 역량

AI 리터러시는 AI의 작동 원리를 이해하는 기술적 차원을 넘어, 그 결과물을 비판적으로 분석하고 윤리적 함의를 성찰하며, 사회적 가치를 창출하는 방향으로 책임감 있게 활용하는 종합적인 역량이다. AI라는 거대한 기술적 파도를 두려움의 대상으로 여기지 않고, 지혜롭게 활용하여 더 나은 미래를 만들어 가는 주체로 설 수 있도록 노력해야 한다. AI가 만들어 내는 허위 정보와 편향된 알고리즘의 수많은 결과 속에서 참된 의미를 찾아내고, 급변하는 노동 시장에 성공적으로 적응하며, 기술 발전의 혜택이 모두에게 돌아가는 포용적인 사회를 만들기 위해 AI 리터러시는 더 이상 선택이 아닌 필수 생존 역량이다. AI 리터러시 역량은 단기적인 일회성 교육 프로그램만으로 완성되지 않는다. 개인의 지속적인 학습 노력과 학교 교육의 혁신, 그리고 정부와 기업의 적극적인 지원이 조화를 이룰 때 비로소 사회 전체에 뿌리내릴 수 있다. 인공지능이라는 강력한 도구를 인류의 번영을 위해

지혜롭게 사용하는 '책임감 있는 개인'을 길러내는 것, 이것이 바로 우리 시대가 마주한 중요하고 필수적인 소명이다.

참고문헌

Almatrafi, O. et al.(2024). A systematic review of AI literacy conceptualization, constructs, and implementation and assessment efforts (2019–2023). *Computers and Education Open, 6*, 100173.

Long, D. & Magerko, B.(2020). What Is AI Literacy? Competencies and Design Considerations. *Proceedings of the 2020 CHI Conference on Human Factors in Computing Systems*, pp.1~16.

Pariser, E.(2011). *The Filter Bubble: What The Internet Is Hiding From You*. Penguin UK.

04
AI 환각

AI 환각은 "AI가 생성한 정보에 허위 또는 날조된 정보가 포함되는 현상"이다. 발생 원인으로는 편향된 학습 데이터, 과적합, 맥락 이해 부족, 제한된 도메인 지식 등이 있다. AI가 생성한 정보의 한계를 인식하고 팩트체킹을 통해 거짓 정보를 구별해야 한다.

청각장애인과 AI?

본인만 느낄 수 있는 실재하지 않는 감각이나 대상을 느끼거나 느껴졌다고 생각할 때 '환각(幻覺)'에 빠졌다고 한다. 비슷한 상황을 '환상(幻像)', '환영(幻影)', '허상(虛像)'이란 말로도 표현한다. AI 환각(Hallucination)은 인공지능(AI)이 생성한 정보에 사실과 다른 내용이 포함되는 현상이다. ChatGPT와 같은 거대 언어 모델(Large Language Model, LLM)기반 대화형 AI가 사실에 근거하지 않고 실제 존재하지 않은 내용을 마치 진실인 것처럼 생성하기 때문에 환각이란 용어를 사용한다. 따라서 AI 환각은 단순한 정보의 오류를 넘어, 매우 그럴듯하게 들리지만 맥락에 관계없고 실제와 다르게 조작된 정보를 만들어 내는 것이다. AI는 사실을 찾아 말하는 것이 아니라, 주어진 질문에 대해 통계적으로 가장 그럴듯한 단어의 조합을 찾아내는 것이기 때문에 AI 알고리즘은 질문의 전제에 맞춰 가장 자연스러운 이야기를 생성해 낸다. 마치 무언가를 말해야 하기 때문에 엉뚱한 이야기라도 저절로 한다는 점에서 허언증과 유사하다.

AI 환각은 생성되는 정보와 원본 출처와의 관계를 기준으로 내재적 환각과 외재적 환각으로 구분된다. 일반적으로 내재적 환각은 AI가 생성한 정보가 원본 정보와 명백하게 모순되는 경우이고, 외재적 환각은 생성된 정보가 원본 정보를 통해서 검증할 수 없는 새로운 정보를 포함하는 경우를 말한다. 내재적 환각은 원본과의 대조를 통해 쉽게 검증할 수 있지만, 외재적 환각은 해당 내용의 검증을 위해 완전히 새로운 정보를 검색하고 사실 검증을 거쳐야 하기 때문에 외재적 환각이 상대적으로 더 위험할 수 있다. 최근 AI 성능이 개선되면서 이러한 환각 현상이 조금씩 나아지고 있으나 여전히 헛소리를 하는 경우가 있기 때문에 AI의 유창하고 근사해 보이는 답변 이면에 숨겨진 허구의 가능성을 항상 인지해야 한다.

AI 환각은 왜 발생하는가?

거대 언어 모델(LLM)은 인간처럼 정보를 이해하고 논리적으로 추론하여 답변하지 않는다. 대신 방대한 텍스트 데이터에 기반해 주어진 단어 다음에 확률적으로 가장 그럴 듯한 단어를 순차적으로 예측하고 연결한다. 이러한 특성 때문에 확률적 앵무새(stochastic parrot)란 은유적인 표현으로 비유되기도 한다(Emily, 2021). LLM의 핵심에는 2017년 구글에서 발표한 “Attention is All you Needs” 논문에서 소개한 트랜스포머(transformer) 아키텍처가 있다. 사용자가 질문을 입력하면, 인코더(encoder)라는 부분이 문장의 문맥상 의미를 컴퓨터가 이해할 수 있는 벡터로 표현한다. 그 후 디코더(decoder)는 벡터에 기반해서 다음에 올 수 있는 모든 단어의 확률 분포를 계산하고, 그 중 확률값이 가장 높은 단어를 선택하여 문장을 이어간다. 이와 같은 과정이 반복되면서 하나의 문장이나 문단이 생성된다. '확률적인 예측' 방식이 진실 여부를 판단하지 않는다는 점에서 AI 환각의 원인을 찾을 수 있다. 학습 데이터에 존재하지 않는 내용에 대해 질문을 받거나 복잡한 논리적 추론이 필요할 경우, AI 알고리즘이 가장 그럴듯해 보이는 단어들을 조합하여 답변을 만들어 내기 때문이다. 이 때 생성하는 답변이 길어질수록, 초기에 발생하는 작은 확률적 오차가 뒤따르는 단어 선택에 연쇄적으로 영향을 미치고, 오차가 기하급수적으로 높아져서 최종적으로는 사실과 동떨어진 내용이 생성된다. 결과적으로 LLM의 아키텍처는 '사실성(factuality)'이 아닌 '유창성(fluency)'에 최적화되어 있다. 사실을 정확하게 전달하는 능력과 언어를 유창하게 구사하는 능력 사이의 근본적인 괴리가 AI 환각의 근본적인 원인이다.

쓰레기가 들어가면 쓰레기가 나온다(Garbage in, Garbage out)란 말이 있다. 컴퓨터 과학 분야에서 오래된 격언인데 AI 모델의 성능이 학습 데이터의 품질에 절대적으로 의존한다는 사실을 동일하게 보여 준다. LLM에서 환각을 일으키는 주요 원인 중 하나가 바로 학습 데이터의 문제에서 비롯된다. LLM은 위키피디아, 뉴스 기사, 서적, 소셜 미디어 게시물 등 인터넷의 방대한 텍스트를 무분별적으로 학습한다. 학습 데이터에는 온갖 오류, 편견, 오래된 정보뿐만 아니라 의도적으로 조직된 허위 정보까지 포함되어 있기 때문에 데이터에 포함되어 있는 편향과 오류를 그대로 학습하고 답변을 생성할 때 이를 재현하거나 증폭한다. 또한 아무리 방대한 데이터를 학습하더라도 특정 전문 분야나 최신 사건에 대한 정보는 부족할 수 있다. 불충분한 데이터로 인해 지식 격차가 발생하게 되면, AI는 부족한 정보를 메우기 위해 전혀 관련이 없는 패턴을 억지로 연결하거나 예측해서 만들어 내기도 한다. 한편 데이터 전처리 과정에서 정보의 출처와 내용을 엉뚱하게 짝짓는 불일치 문제, 환각으로 생성된 정보가 인터넷에 축적되고 이를 다시 학습하는 환각의 악순환 문제들이 데이터와 관련한 AI 환각의 원인이 되기도 한다.

학습 데이터의 품질 못지않게 AI 모델이 갖고 있는 과적합(overfitting)이나 맥락 이해의 부족함도 AI를 편협하게 만드는 원인이다. 특정 데이터세트에 과도하게 최적화되어 새로운 형태의 질문이나 데이터에 대해서는 정확도가 현저히 떨어질 수 있다. 단어와 문장 사이의 통계적 관계는 정교하게 학습하지만 사회적, 문화적, 감정적 맥락을 제대로 이해하는 데에도 분명한 한계가 있다. 결국 모델이 특정 데이터에서 보이는 패턴에 과하게 집중하는 것은 그 데이터가 담고 있는 넓은 의미와 맥락을 파악하는 데 실패한다는 것을 의미한다. 이로 인해 AI는 방대한 지식을 암기하고 있음에도 불구하고, 인간 사회에서의 복잡하고 역동적인 상황에 유연하게 대처하지 못하고 그럴듯한 거짓말을 만들어 낼 수 있다.

환각이 현실을 침범한다

AI 환각은 학술적인 논의나 소설 속 가상의 시나리오를 넘어 우리가 속해 있는 현실 세계에서 다양한 모습으로 문제가 되고 있다. 2024년 11월 미국 미네소타주에서 AI 생성 딥페이크 금지법에 대한 소송이 있었다. 주 정부 측에서 허위 정보 전문가인 스탠퍼드 대학의 제프리 핸콕(Jeffrey T. Hancock) 교수가 ChatGPT-4o의 도움으로 진술서를 작성했는데, 진술서에 포함된 인용 중 상당수가 완전히 허구이거나 참고문헌의 오류가 발견되었다. 결국 핸콕 교수 증언 전체가 기록에서 삭제되었고 법정에서 AI 최고전문가로서의 그의 신뢰성은 무너졌다. 이는 단순히 개인의 부주의한 문제를 넘어서 AI가 생성하는 정보가 인간의 사고 능력을 얼마나 쉽게 무력화시킬 수 있는지를 보여 준다. AI 시대의 전문가에게는 해당 분야의 전문 지식 뿐만 아니라, AI라는 도구의 한계를 정확하게 인지하고, 그 결과물을 이전보다 더욱 철저하게 검증하는 새로운 차원의 전문성과 책임감이 요구된다.

AI 환각 현상이 특정 분야를 넘어 사회 전반으로 확대되면서 정보 생태계를 교란하고 막대한 사회적, 경제적 손실을 초래할 수 있다. AI가 생성한 부정확한 정보로 인한 의사 결정의 실패뿐만 아니라 상대적으로 작은 규모의 AI 환각 이슈에도 단기간 내 직접적인 재정 손실이 발생할 수 있다. 2023년 2월 구글이 대화형 AI 서비스 바드(Bard)를 발표했을 때 제임스 웹 우주 망원경에 대한 잘못된 답변을 했고, 이 문제로 알파벳 주가가 8% 하락하고 시가 총액 약 1200억 달러 이상을 잃었던 사건이 대표적인 사례다. 한 연구에 따르면 2024년 한 해 동안 AI 환각으로 인해 발생한 전 세계적인 경제적 손실이 674억 달러에 달한다고 한다(AllAboutAI, 2025). 이처럼 AI 환각은 우리 사회의 신뢰성을 무너뜨리고 실질적으로 경제적 부담을 가중시키는 중대한 위협이 되고 있다.

AI 환각에 맞서다

AI 환각이 LLM으로 대표되는 생성형 AI의 알고리즘이 갖고 있는 구조적 한계에서 비롯된 문제이기 때문에 다양한 기술적인 해결책이 제시되고 있다. 그중 대표적인 기술은 검색증강생성(Retrieval-Augumented Generation, RAG)이다. RAG 시스템은 사용자의 질문을 받으며, 외부의 신뢰할 수 있는 최신 데이터베이스나 특정 문서들에서 관련 정보를 '검색(Retrieval)'한다. 이후 검색된 정보를 LLM에게 제공하고, LLM은 이 근거 자료를 바탕으로 답변을 '생성(Generation)'한다. 이와 같은 과정을 통해 답변의 정확성을 높이고, 참고 자료의 명확한 출처를 함께 제시하여 사용자가 직접 검증하도록 돕는다. 물론 RAG는 AI 환각 문제를 '지식 부족 문제'에서 '추가적인 정보 검색 및 종합 분석의 문제'로 전환시킨다는 점에서 환각의 발생 가능성을 줄여줄 수 있지만 환각을 완벽하게 제거하지는 못한다.

현재 기술 수준에서 AI 환각을 완전하게 제거하는 것은 불가능하기 때문에 기술 개발자뿐만 아니라 최종 사용자의 역량과 태도가 무엇보다 중요하다. 생성된 정보를 치밀하게 교차 검증하고, 주의 깊게 출처를 확인하고, 조심스럽게 사실 검증 도구를 활용해야 한다. 의료나 법률과 같은 전문 분야의 경우에는 전문가의 최종 검토를 병행하면서 극도의 주의를 기울여야 한다.

결국 생성형 AI 시대에 살아가는 우리에게 AI 리터러시(AI Literacy)가 필요하다. 단순히 AI의 편리함을 누리는 것을 넘어, AI의 작동 원리와 근본적인 한계를 인식해야 한다. 생성되는 결과물을 비판적으로 판별하며, 윤리적으로 활용해야 한다. 비판적인 사고와 검증의 습관을 지속적으로 유지하면서 AI 리터러시 역량을 키워 나갈 때 그럴듯한 거짓말이 넘쳐나는 세상에서 진실을 지켜낼 수 있다.

참고문헌

Bender, E. M. et al.(2021). On the Dangers of Stochastic Parrots: Can Language Models Be Too Big?. *Proceedings of the 2021 ACM Conference on Fairness, Accountability, and Transparency (FAccT '21)*, pp.610~623. Association for Computing Machinery.

Ji, Z. et al.(2022). Survey of Hallucination in Natural Language Generation. arXiv preprint. arXiv:2202.03629v7.

Tilawat, M.(2025). Rapport sur les hallucinations de l'IA 2025 : Quelle IA hallucine le plus?. All About AI. https://www.allaboutai.com/fr-fr/ressources/statistiques-ia/hallucinations-ia/

Vaswani, A. et al.(2017). Attention is all you need. *Proceedings of the 31st International Conference on Neural Information Processing Systems (NIPS '17)*, pp.6000~6010. Curran Associates Inc.

05
논리적이고 비판적인 사고

논리적 사고력은 AI 시대에도 핵심적인 역량이다. AI에게 현혹되지 않도록 논리적으로 추론하는 사고력을 기르는 방안을 설명한다.

AI 콘텐츠 크리에이터?

앵무새가 뛰어난 소리 흉내 능력으로 사람의 말을 잘 따라하지만 언어의 뜻을 완전히 이해하고 말한다고 인정받지는 못한다. 인공지능(AI)은 말솜씨가 좋은 앵무새처럼 방대한 데이터를 학습해서 그럴듯한 답을 흉내 내며 내어 놓기만 한다. 그 과정에서 '환각'과 '편향'이라는 두 가지 치명적인 문제를 갖고 거짓말을 하곤 한다.

AI의 그럴듯한 거짓말

AI 환각(Hallucination)은 AI가 사실에 근거하지 않거나 논리적으로 말이 되지 않는 정보를 마치 사실인 것처럼 생성하는 현상이다. 알고리즘의 문제라기보다는 다음에 올 단어를 확률적으로 예측하는 생성형 AI의 작동 원리에서 비롯된 필연적인 결과다. '진실'보다는 '자연스러움'을 추구하는 과정에서 문장 구조나 표현이 정확하더라도 내용은 사실과 다르게 그럴듯한 거짓말이 만들어진다. AI가 불완전하거나 모순된 데이터로 학습할 때 이 현상은 더욱 심해진다. 학습해야 할 정보가 이전보다 복잡해지고 상황에 따라 달리 해석될 수 있는데 AI 기술이 급속하게 발전할수록 진실과 거짓이 모두 더 강력해질 수 있으므로 신중하고 비판적으로 생각해야 한다. AI의 유창함과 환각은 동전의 양면과 같고 현재 기술로 환각을 완벽하게 제거하는 것은 불가능하다. 따라서 AI가 내뱉는 말을 검증하고 책임지는 것은 여전히 인간의 몫이다.

AI는 사실을 그대로 보여 주는 '투명한 거울'이 아니라 우리 사회의 뒤틀린 모습을 그대로 비추고 과장하는 '펀하우스 거울'과 같다. 역사학자 유발 하라리(Yuval Harari)는 AI가 학습하는 데이터 자체가 이미 여성, 특정 인종, 성소수자 등 사회적 약자에 대한 편견으로 가득 차 있다고 지적한다(Harari, 2024). AI는 학습 데이터에 포함되어 있던 다양한 편견들을 흡수하고, 기존의 불평등을 더욱 강화하고 확산시킬 수 있다. 더 큰 문제는 AI가 편향성을 갖는 그럴듯한 거짓말을 하더라도 복잡한 알고리즘의 결과라는 이유로 공정하고 중립적인 것처럼 포장될 수 있다는 것이다. 이처럼 AI는 인간 사회의 뿌리 깊은 차별을 은폐하고 과학 기술적인 권위로 포장되어, 불평등을 더욱 교묘하게 만드는 위험한 도구가 될 수 있다. 따라서 AI 기술의 발전이 사회적 불평등을 완화하고 공정한 사회를 만드는 데 기여할 수 있도록 우리 모두의 책임 있는 태도가 필요하다.

생각하는 법을 잊어버리다

AI 기술의 발전은 우리 모든 삶의 영역에서 편리함이란 혜택을 주고 있지만, 동시에 '생각하는 법'을 잊어버리는 위험을 가져왔다. 노벨 경제학상 수상자인 심리학자 대니얼 카너먼(Daniel Kahneman)에 따르면 우리 뇌에는 빠르고 직관적인 '시스템 1'과 느리고 신중한 '시스템 2'라는 두 가지 사고 시스템이 존재한다. 뇌는 에너지를 아끼기 위해 대부분 시스템 1에 의존하는데, AI는 바로 이 시스템 1을 완벽하게 유혹한다. AI는 질문에 대한 답변을 즉각적이고 유창하게 제공함으로써, 내용 검증을 위해 뇌의 에너지를 많이 소모해야 하는 시스템 2를 쉬게 한다. 이로 인해 우리의 사고 근육은 약해지고 스스로 생각하는 능력을 잃어버리는 '인지적 역설'에 빠지게 된다.

더 나아가 AI는 사용자의 편향, 특히 '확증 편향'과 결합할 때 더욱 위험해진다. 확증 편향은 자신의 기존 신념에 맞는 정보만 받아들이고 반대되는 정보는 무시하려는 심리다. AI는 사용자의 편향된 질문에 맞춰 입맛에 맞는 답변을 생성해 줌으로써, 사용자가 '내 생각이 옳다'는 확신을 갖도록 만든다. 이러한 상호작용은 인간의 비판적 사고 능력을 떨어뜨리고, 중요한 의사 결정에서 잘못된 판단을 내리게 한다. AI는 진실을 찾는 도구가 아니라 깊이 있는 생각 없이 개인의 편견을 정당화하고 강화하는 수단이 될 수 있다.

질문이 답을 결정한다.

AI에 대한 의존도가 높아지고 있는 시대, 정보의 왜곡, 사고의 자동화 등 우리가 처하게 될 위험에 효과적으로 대응하기 위해서는 기술을 통제하고 목적에 맞게 사용하는 능력을 길러야 한다. AI를 생각 없이 소비하는 수동적 사용자가 아니라, AI의 한계를 분명하게 인지하고 그 결과물을 분석해서 능동적으로 활용하는 주체적 사용자가 되어야 한다. 이를 위해서는 논리적 사고력과 비판적인 분석 능력이 필요하며 무엇보다 중요한 것은 '제대로 질문하는 것'이다.

AI와의 상호작용에서 '쓰레기가 들어가면 쓰레기가 나온다'는 원칙이 작동한다. 모호하고 편향된 질문은 AI로부터 모호하고 편향된 답변을 유도하기 때문에 AI 답변의 품질이나 정확도는 사용자의 질문 수준에 달려 있다. 짧고 단순한 명령어를 입력하는 데 그치지 않고, 정교하고 비판적인 질문을 설계해서 AI가 더욱 정확하고 깊이 있는 답변을 생성하도록 이끌어야 한다. 이를 위해 고대 철학자 소크라테스 대화법을 응용할 수 있다. 소크라테스 대화법은 피상적인 답을 구하는 것이 아니라, 끊임없는 질문을 이어가며 상대방의 논리적 허점을 파고들고 스스로 진리를 깨닫도록 유도하는 철학적 대화 방식이다(최명관, 2008). 본래 소크라테스 대화법은 상대방, 즉 인간의 자율적 사고와 내면의 지혜를 이끌어 내는 데 중점을 두지만, 대답을 내뱉어야 하는 AI에 적용해서 효과적인 답변을 단계적으로 유도할 수 있다. 먼저 가정을 검증하기 위해 '그 주장의 근간이 되는 가정은 무엇인가'라고 질문한다. 다음으로 사실 여부를 판단하기 위해서 '그 결론을 뒷받침하는 구체적인 데이터나 연구 결과를 제시해 줘'라고 근거를 요구한다. 마지막으로 '그 주장에 대한 주요 반론은 무엇이며, 근거는 무엇인가'라는 질문으로 반대 관점에서 논리적 완성도를 높인다.

예를 들어 '에너지의 미래는 어떠한가'와 같은 막연한 질문 대신 '향후 10년간 에너지 기술의 발전과 관련하여 전력망 혁신, 데이터 센터 증가, 기후 위기, 신재생 발전원 증가 등 변수들을 고려해 글로벌 기술 동향을 조사하고, 각 동향에 대한 구체적인 사례를 비교 분석해서 잠재적인 국가적 영향을 긍정적, 부정적 측면에서 정리하고 에너지 기업의 미래를 위한 기술 개발 전략을 세워 줘'와 같이 구체적이고 다각적인 질문을 던진다. 이와 같은 방향으로 질문을 설계하면 AI뿐만 아니라 사용자 자신에게도 강제로 논리적 사고를 하게 하는 효과를 갖는다. 좋은 질문을 만들기 위해서는 먼저 문제의 핵심을 파악하고, 어떤 정보가 필요한지, 어떤 기준에 따라 분석해야 할지를 스스로 고민해야 한다. 깊이 있는 사고와 논리적 분석을 요구한다는 측면에서 대니얼 카너먼이 이야기한 '시스템 2'를 활성화하는 것과 유사하다(Kahneman, 2013).

팩트체크(Fact check)를 잊지 말자

AI 문해력, 즉 'AI 리터러시'는 특정한 도구를 잘 다루는 기술적 능력을 넘어선다. AI가 어떻게 작동하고 어떤 본질적인 한계를 가지며, 어떻게 윤리적으로 사용해야 하는지에 대한 깊은 이해를 포함하는 종합적인 역량이다. AI 리터러시의 핵심은 '건강한 불신'이다. AI가 생성한 모든 정보는 검증되기 전까지 '사실'이 아닌 '주장'으로 간주해야 한다. 대규모 언어 모델(LLM)이 급속도로 발전하고 있지만 환각과 편향의 가능성이 항상 존재하기 때문에 AI가 내놓은 답변을 항상 검증하면서 사실 여부를 확인해야 한다.

특히 AI가 제시한 출처가 신뢰할 만한 학술지나 보고서 등에서 나온 것인지 확인이 필요한데 출처의 신뢰성, 관련성, 권위, 정확성, 목적 등을 종합적으로 평가하는 CRAAP(Currency, Relevance, Authority, Accuracy and

Purpose) 테스트 방법을 사용할 수 있다(Blakeslee, 2004). 중요한 사실, 통계, 인용 등은 반드시 2개 이상의 독립적인 출처를 통해 재확인하는 교차 검증도 필요하다.

과거 정보혁명 시대에 필요한 역량은 원하는 정보를 효율적으로 '검색'하는 것이었지만, AI 시대에 요구되는 역량은 생성된 정보의 진위를 '판별'하는 능력까지 포함해야 한다. AI 리터러시 교육은 이와 같은 비판적 사고와 검증 능력을 기르는 토대가 된다.

생각에 관하여 생각하기

AI의 환각과 편향에 대응하기 위해 논리적 사고와 비판적 분석을 위한 AI 리터러시 교육이 중요하지만 근본적으로 필요한 것은 자신의 생각에 관해 생각하는 '메타 인지 능력'이다. 메타 인지는 1970년대에 발달 심리학자인 존 플라벨(J.H. Flavell)이 제안한 용어로 자신의 인지 과정을 한 단계 위에서 조망하며, 스스로 자기 생각과 판단이 합리적인지 성찰하고 통제하는 능력이다. AI에 질문을 던지기 전에, 메타 인지를 활용하여 스스로에게 먼저 질문을 던지는 습관을 가져야 한다. 내가 정말로 알고 싶은 질문의 본질을 파악하고, 내 안의 편향을 점검하고, 자신이 사용하고자 하는 AI 도구의 적절성을 판단해야 한다. AI가 방대한 정보를 순식간에 처리할 수 있지만, 자기 객관화를 통해 스스로를 성찰하는 메타 인지를 가질 수는 없다. 자신의 동기와 추론 과정을 의심하고 수정하는 능력은 아직까지 인간 고유의 영역이다.

결과적으로 인간과 AI의 관계를 '의존'에서 '주체적 파트너십'으로 재정립하기 위해서 AI 리터러시 교육을 넘어 메타 인지 훈련이 강화되어야 한다. 논리를 갖춘 비판적 사고가 AI를 관리하는 '관리자'의 역량이라면, 메타 인지는 AI를 언제, 어떻게, 왜 사용하는지를 결정하는 '전략가'의 역량이기 때문이다. 메타 인지에 기반한 최고 수준의 사유 능력을 통해 우리는 AI를 인지적 지름길로 남용하지 않고, 인간의 지성을 보완하고 확장하는 '지식 증강'의 유용한 도구로 활용할 수 있다.

참고문헌

여현덕(2024.5.28). "AI의존 '인지적 역설' 현실로… 그래도 희망은 있다". 국민일보. https://v.daum.net/v/20240528003644884

Blakeslee, S.(2004). The CRAAP Test. *LOEX Quarterly, 31*(3).

Harari, Y.(2024). *Nexus.* Random House. 김명주 옮김(2024). 《넥서스: 석기 시대부터 AI까지, 정보 네트워크로 보는 인류 역사》. 김영사.

Kahneman, D.(2013). *Thinking, Fast and Slow.* 이창신 옮김(2018). 《생각에 관한 생각》. 김영사.

Long, D. & Magerko, B.(2020). What Is AI Literacy? Competencies and Design Considerations. *Proceedings of the 2020 CHI Conference on Human Factors in Computing Systems*, pp.1~16.

Plato(1578). *The Dailogues*. Stephanus. 최명관 옮김(2008). 《플라톤의 대화편》. 창.

06
인간 고유의 영역, 창의성

AI 시대에도 인간의 고유한 가치인 창의성을 지켜 나가는 것은 언제나 중요하다. AI가 할 수 없고 인간만이 할 수 있는 것을 설명하며 AI와의 협업 모델을 제시한다.

AI와 민주주의?

인공지능(AI) 기술, 특히 생성형 AI의 등장은 인간 고유의 영역으로 여겨졌던 창의성의 본질에 대하여 근본적인 질문을 던지고 있다. 원하는 스타일의 이미지를 생성하고, 좋아하는 가수의 목소리로 다른 가수의 노래를 불러 주고, 복잡한 코드를 짜는 AI의 능력은 창작의 과정과 결과물에 대한 우리의 인식을 바꾸게 한다. 그러나 AI가 생성하는 결과물의 정교함은 인간의 창조 과정과는 본질적으로 다른 작동 원리가 존재한다. AI의 창작이 데이터에 기반한 확률적인 계산에 가깝다면, 인간의 창조는 내면의 경험과 동기, 그리고 의미로 연결된 복합적인 과정이다. AI 시대에 인간의 고유한 가치를 지키고, AI와 협력하는 미래를 준비하기 위해 이 둘의 차이를 정확하게 이해하는 것이 필요하다.

계산하는 기계와 창조하는 인간

오늘날 우리가 이야기하는 AI의 창의성은 대부분 생성형 AI(Generative AI) 기술에 기반한다. 생성형 AI는 텍스트, 이미지, 오디오, 동영상 등 기존 데이터를 학습하여 새롭고 독창적인 콘텐츠를 만들어 낸다. 그 중심에는 거대 언어 모델(LLM)이 있다. LLM은 수십억 개 이상의 방대한 텍스트 데이터를 학습해서 언어의 패턴과 구조,

맥락을 파악하는 딥러닝 알고리즘이다. 초기에는 문법에 따른 자연어 처리나 언어의 유사 패턴을 다루는 분포 가설에 기반을 두었지만, 2017년 맥락을 이해할 수 있는 트랜스포머(transformer) 아키텍처로 뛰어난 성능을 갖게 되었다. 최신 모델에서 환각 현상이 많이 감소했지만 여전히 사실에 근거하지 않는 그럴듯한 거짓 정보를 생성한다는 한계가 있다. AI 알고리즘이 진실과 거짓을 구분하는 별도의 기준 없이 오직 학습된 데이터 상에서 확률적으로 가장 자연스러운 답변을 생성하기 때문이다.

확률값이 높은 결과를 계산하는 AI와 다르게 인간의 창의성은 뇌의 복잡하고 역동적인 상호작용을 통해 발현된다. 독창적인 아이디어를 위한 디폴트 모드 네트워크(Default Mode Network, DMN)와 문제 해결과 집중을 위한 집행 제어 네트워크(Executive Control Network, ECN)의 상호작용으로 창의성이 향상된다. 고창의성 네트워크인 DMN은 새로운 아이디어와 직관적 통찰을 제공하고, 저창의성 네트워크인 ECN은 이를 구체적인 행동으로 전환한다(황인환, 2025). 인간의 뇌는 이 두 네트워크 사이의 피드백 루프(feedback loop)를 통해 아이디어를 발산하고 수렴하는 과정을 반복하면서 창의적인 결과물을 만든다. 입력에서 출력으로 단방향 정보 처리가 대부분인 AI 알고리즘의 피드포워드(feed-forward) 구조와 차이가 있다.

더 중요한 차이점은 창의적 과정에서 수반되는 주관적 경험의 유무다. 경험은 특정한 시간에 특정한 공간에서 자신의 육체를 통해 즐기는 것으로 인간은 '갖는' 것보다 '하는' 것을 통해 더 큰 행복을 얻는다고 한다(크리스틴 로젠, 2024). 다시 말해, 인간에게 창의성은 단순히 결과물을 갖는 행위를 넘어서 그 과정에서 느끼는 만족감과 성취감이라는 내적 보상과 깊이 연결되어 있다. 반면에 현재의 AI 기술은 괜찮은 결과물을 생성할 수 있지만, 그 과정에서 얻을 수 있는 어떠한 감정이나 목적의식, 성취감을 담아낼 수 없다. 생성형 AI 서비스에 프롬프트를 입력하면 별다른 경험 없이 아주 작은 인내심만으로 결과물을 얻을 수 있기 때문이다. 또한 진정한 창의성은 단순한 데이터나 정보의 조합이 아니라 살아있는 경험과 감정, 체화된 지식, 그리고 온전하게 세상을 이해하려는 열망에서 비롯되기 때문이다. 인간 역시 인지적인 편향이나 물리적, 정신적 한계를 지니고 있지만 창작과정에서 느낄 수 있는 깨달음, 좌절, 기쁨, 만족감과 같은 주관적 경험은 분명 창의성의 핵심이라 할 수 있다.

인간다움, 대체 불가능한 인간 고유의 영역

AI가 계산과 암기의 영역에서는 이미 인간의 능력을 넘어섰는데, 역설적으로 인간이 구별되게 잘하는 능력이 무엇인지에 대한 성찰이 그 어느 때보다 중요하다. AI가 압도적으로 잘하는 것을 인간이 따라잡으려 경쟁하는 것은 무의미하기 때문에 AI가 구현할 수 없는 인간 고유의 영역을 발견하고 그 가치를 재조명해야 한다. 그 핵심에는 언어로 표현하기 어려운 경험적인 지혜, 타인과 깊이 교감하는 사회적 능력, 그리고 기술을 비판적으로 성찰하고 윤리적으로 판단하는 사유의 힘이 있다. 이러한 능력들은 AI로 뒤덮여가는 요즈음 인간을 대체 불가능한 존재로 만드는 근간이 될 것이다.

AI가 처리하는 지식의 대부분은 데이터베이스, 텍스트, 이미지처럼 명확한 형태로 표현되는 명시지(explicit knowledge)이지만 인간 지식의 대부분은 수면에 떠 있는 빙산의 아래처럼 보이지 않는 영역에 존재한다. 헝가리 출신의 영국 석학 마이클 폴라니(Michael Polanyi)는 "우리는 말로 할 수 있는 것보다 더 많은 것을 알고 있다"는 유명한 명제를 통해 암묵지(tacit knowledge) 개념을 제시했다. 암묵지란 우리 몸에 체화되어 있지만, 말이나 공식으로 딱 부러지게 설명하기 어려운 지식을 의미한다. 할머니의 '손맛'이나 명장의 '감' 같은 것들이며 '무엇(know-that)'을 아는 명시지와 달리 '어떻게(know-how)' 하는지를 아는 절차적 지식에 가깝다.

AI 영향력이 커질수록 자동화로 대체하기 어려운 인간의 사회적 기술(social skill) 능력의 중요성도 높아지고 있다. 한국은행 보고서에 따르면 2008년부터 2022년까지 14년간 한국 노동시장에서 협동, 협상, 설득, 공감 등 사회적 기술이 집중적으로 요구되는 일자리의 비중이 49%에서 56%로 증가했고 경제적 보상도 커지고 있다(한지우 등, 2024). 이러한 현상이 나타나는 이유가 사회적 상호작용이 규칙화하기 어려운 암묵지에 기반하기 때문이라고 분석했다. 타인의 감정과 상황을 이해하고 그에 맞춰 소통하는 공감 능력이나 복잡한 이해관계 속에서 협력을 이끌어 내는 능력은 정형화된 데이터로 학습하기 어려운 인간 고유의 영역이라는 증거가 된다. 마이클 폴라니가 제시한 철학적 개념인 암묵지가 현대 노동시장에서 구체적인 경제적 가치로도 측정되고 있음을 보여 주는 사례이기도 하다. AI가 분석과 계산을 대신할수록, 인간은 관계를 맺고, 신뢰를 형성하며, 공동의 목표를 위해 협력하는 사회적 역할에 더욱 집중해야 한다.

AI 기술 수준이 높아지고 성능이 향상될수록 편리해

진 기술에 대한 맹목적인 신뢰를 경계해야 한다. 아무런 마찰 없이 기술을 무조건적으로 받아들이게 되면 인간의 비판적 사고 능력이 저하되는 현상이 발생할 수 있다. 따라서 AI는 윤리적 판단이나 가치 판단을 내릴 수 있는 주체가 아니라 유용한 도구라는 생각을 잊지 말고 우리는 AI 기술의 '윤리적 지배자(ethical governor)'가 되어야 한다. AI가 생성한 정보의 타당성을 검토하고, 그 결과가 가져올 사회적, 윤리적 영향을 숙고하는 것이 필요하다. 무엇보다 최종적인 의사 결정에 대한 책임은 인간의 몫이기 때문에 AI가 어떻게 작동하고, 어떤 한계를 가지고 있는지 정확하게 이해해야 한다. 다행히 AI가 단순 반복 업무를 자동화해 줌으로써 인간은 오히려 더 고차원적이고 창의적인 문제뿐만 아니라 전략적 사고와 윤리적 판단 등에 집중할 수 있는 기회를 얻을 수 있다.

인간과 AI의 협업

하루가 다르게 AI 기술이 발전하고 있지만 인간과 대립하거나 인간을 대체하는 경쟁자로 AI를 인식하는 이분법적 사고에서 벗어나야 한다. AI는 인간의 지적 능력을 향상시키는 강력한 도구가 될 수 있고, 반복적이고 분석적인 작업을 자동화함으로써 인간이 더 창의적인 활동에 집중할 수 있도록 돕기 때문이다. 물론 인간과 AI를 단순하게 결합한다고 해서 항상 최상의 결과가 나오는 것은 아니다. 업무의 종류와 사용자의 전문성에 따라 협업의 효과가 달라지므로 상황에 맞는 유연한 협업 모델을 설계하고, 기술에 대한 맹목적인 신뢰를 넘어 '적절한 신뢰 관계'를 맺어야 한다. 사용자들이 AI를 과도하게 신뢰하여 비판적 사고를 멈출 수 있고, 반대로 지나치게 불신하여 AI의 유용한 제안을 간과할 수 있다. 초보자나 전문가로 구분되는 사용자의 전문성에 따라 AI 활용 결과가 달라지기도 한다. 따라서 효과적인 협업 시스템은 AI가 스스로의 한계와 불확실성을 사용자에게 분명하게 전달하고, 사용자의 전문성에 따라 맞춤형 상호작용이 가능하도록 설계되어야 한다. 미래 사회에서 핵심적인 과제는 인간과 AI가 높은 수준의 창의적 시너지를 발휘할 수 있는 협력적 파트너십을 구축하는 것이다. 실제 산업 현장에서는 AI 도입이 인간의 일자리를 위협할 것이라는 우려와 달리, AI가 인간의 능력을 보완하고 생산성을 높이는 파트너로서 긍정적 효과를 보여 주는 사례가 많다. 에너지 시스템 관리, 고장 진단, 산업 디자인 생성, 금융 사기 탐지, 물류 창고 관리 등 다양한 산업 분야에서 인간과 AI는 적절한 역할 분담을 통해 복잡한 문제를 해결하고 생산성을 극대화할 수 있다.

한편 인간과 AI가 각자의 강점을 발휘하며 함께 성장하는 방법도 모색해야 한다. AI를 창의성 생성 도구가 아니라, 창의성에 맞춰 움직이는 도구로 관점을 바꾸면 인간과 AI 협업의 새로운 가능성이 열린다. AI가 문해력이나 계산 능력에서 이미 인간을 가볍게 압도하는 상황에서, 인간은 AI가 대체할 수 없는 인간 고유의 특화된 능력을 지속적으로 키워야 한다. 타인의 감정을 이해하고 함께 문제를 해결하는 사회적 지능과 실제 세계에서의 경험을 통해 암묵지를 내재화하는 우리의 능력들은 AI의 잠재력에 사로잡힌 세상에서 인간다움을 잃지 않고 깊이 있는 창의성으로 더욱 멋진 미래를 여는 촉매가 될 것이다.

참고문헌

박주용(2025). "인간만이 가진 창의성, 그리고 생성형 AI". MIT Technology Review Korea.

한지우 외(2024). "노동시장에서 사회적 능력의 중요성 증가". 《BOK 이슈노트》, 2024-13. 한국은행.

황인환(2025). "[고창의성 네트워크] 창의적인 아이디어를 탄생시키는 뇌의 비밀". 정신의학신문. http://www.psychiatricnews.net/news/articleView.html?idxno=36012

Beaty, R. E. et al.(2014). Creativity and the default network: A functional connectivity analysis of the creative brain at rest. *Neuropsychologia, 64*, pp.92~98.

Nosta, J.(2024). Human Creativity: Key to Unlocking Artificial Intelligence's Potential. Psychology Today.

Polanyi, M.(1958). *Personal Knowledge-Towards a Post Critical Philosophy*. 표재명·김봉미 옮김(2001). 《개인적 지식: 후기 비판적 철학을 위하여》. 아카넷.

Rosen, C.(2024). *The Extinction of Experience: Being Human in a Disembodied World*. W. W. Norton & Company. 이영래 옮김(2025). 《경험의 멸종》. 어크로스.

Searle, J. R.(1998). *Mind, Language, and Society*. Basic Books.

Workday(2025). "인간의 잠재역량 실현: AI에 의한 스킬 혁명". https://forms.workday.com/ko-kr/reports/elevating-human-potential/form.html?step=step1_default

World Economic Forum(2025). The Future of Jobs Report 2025. https://reports.weforum.org/docs/WEF_Future_of_Jobs_Report_2025.pdf

07
AI 윤리

기술이 아닌 사람이 중심이 되는 철학을 바탕으로 AI의 편향성을 점검하고 사회적 영향을 고려한 책임감 있는 활용이 중요하다. AI 기술의 발전과 인간 가치의 조화를 추구해야 한다.

AI와 애니메이션?

인공지능(AI) 기술이 실험실의 이론을 넘어 우리 삶의 모든 영역으로 스며들고 있다. 산업, 사법, 의료, 금융, 교육, 채용 등 사회의 중요한 의사 결정 과정에 깊숙이 관여하면서 우리가 이전에 경험하지 못했던 복잡한 윤리적 문제가 제기된다. 편향된 데이터를 학습한 AI가 특정 인종이나 성별을 차별하는 등 부정적인 사례가 속출하면서, 기술의 중립성에 대한 믿음이 흔들리고 있다. 윤리의 사전적 의미는 사람으로서 마땅히 행하거나 지켜야 할 도리로서 옳고 그름을 분별하는 도덕 원칙이다. AI 윤리는 옳고 그름을 분별하는 도덕 원칙을 AI의 설계, 개발, 배포, 사용 전반에 적용하여 사회에 미치는 부정적 결과를 최소화하고 긍정적 영향을 극대화하는 것이다. 기술 혁신이 정부 규제보다 앞서 나가는 상황 속에서 인간의 가치를 지킬 수 있는 'AI 윤리'는 더 이상 미래의 과제가 아닌, 지금 당장 해결해야 할 시급한 문제다.

왜 우리는 AI 윤리를 이야기해야 하는가

AI 기술이 우리 사회의 중요한 의사 결정에 깊숙이 관여하고 있지만, 객관적일 것이라는 기대와 달리 인간 사회의 편견과 차별을 오히려 증폭시키는 도구가 되고 있다. AI가 인간 사회의 편견을 그대로 학습하고 때로는 더 증폭시켜 사회적 차별을 자동화하는 'AI 편향' 문제가 발생하고 있다. 학습 데이터에 내재된 과거의 불평등을 그대로 습득하여 특정 집단에 대한 차별을 자동화하고 고착화시킬 수 있다. 지금 우리가 AI 윤리를 이야기해야 하는 이유는 AI 기술이 만드는 보이지 않는 차별이 우리의 기회와 권리를 심각하게 침해하며, 사회적 불평등을 심화시키는 강력한 도구가 될 수 있기 때문이다.

AI 편향의 사례는 과거뿐만 아니라 현재에도 계속해서 드러나고 있다. 미국에서는 인적자원관리 시스템을 제공하는 '워크 데이(Workday)'의 AI 채용 도구가 인종, 연령(40세 이상), 장애를 근거로 지원자를 차별했다는 집단 소송이 2024년에도 이어지며 큰 주목을 받았다. 원고 측은 수많은 기업에 지원했음에도 AI 시스템 때문에 번번이 탈락했다고 주장하며, 기술 공급 업체의 책임 문제를 제기했다. 이는 AI가 채용의 문턱에서부터 특정 집단의 기회를 박탈하는 현대적 차별의 단면을 보여 준다. 더욱 우려스러운 사례는 사회적 약자를 보호해야 할 시스템에서 발견되었다. 2024년 덴마크에서는 아동 학대 위험을 예측하는 의사 결정 지원 AI가 심각한 연령 차별을 포함한 결함이 있다는 연구 결과가 발표되었다. 이 알고리즘은 단지 나이가 많다는 이유만으로 아동의 위험

점수를 높게 책정하는 등, 과학적 근거가 부족한 기준으로 가장 취약한 계층의 삶에 부당한 영향을 미칠 수 있음을 보여 주었다(Moreau et al., 2024). 이러한 최신 사례들은 과거 아마존의 여성 차별 채용 AI나, 미국 법원의 흑인 편향적인 재범 예측 알고리즘 '컴파스(COMPAS)'와 같은 문제들이 여전히 해결되지 않았음을 보여 준다. 의료 분야에서도 특정 인종의 데이터 부족으로 진단 정확도가 낮아지는 등 AI는 사회 곳곳에서 불평등을 재생산하고 있다.

AI 시대의 불평등은 기술의 필연적 결과가 아니다. 개발 단계부터 다양한 관점을 반영하고, 알고리즘의 투명성을 확보하며, 기술이 사회에 미칠 영향을 끊임없이 감시하는 '인간중심'의 노력이 동반되어야 한다. 편향된 AI가 내리는 결정이 우리의 삶을 부당하게 제약하지 않도록 더욱 공정하고 책임감 있는 AI를 요구해야 한다. AI의 다양성 부족과 편향 문제에 대하여 적극적으로 목소리를 높인 MIT 미디어랩의 연구자 조이 부올람위니(Joy Buolamwini)와 팀닛 게브루(Timnit Gebru)와 같은 상징적인 인물들도 있다. 그러나 일부 소수의 사람들이 아닌 범사회적, 범국가적 합의를 통해 AI 기술에 대한 윤리적 성찰을 적극적으로 해야 한다.

신뢰할 수 있는 AI를 위한 국제적 약속

AI 기술이 국경 없이 전 세계에 영향을 미치면서, 개별 국가나 기업의 노력만으로는 AI의 윤리적 문제를 해결할 수 없다는 공감대가 형성되었다. 국제 사회는 AI의 책임감 있는 개발과 활용을 위한 공통의 규범을 마련하기 시작했다. 2019년에 경제협력개발기구(OECD)가 채택한 'AI 권고안'은 AI에 관한 최초의 정부 간 국제 표준으로, '신뢰할 수 있는 AI(trustworthy AI)' 구축을 위해 포용적 성장, 인간중심 가치와 공정성, 투명성과 설명가능성, 견고성 · 보안 · 안전성, 책임성이란 5가지 원칙을 제시하며 글로벌 AI 규범을 논의하는 초석을 다졌다. 2021년에는 유네스코(UNESCO)가 인권과 윤리의 관점에서 'AI 윤리 권고'를 채택하여 인간 존엄성, 공정성, 안전성, 인간 감독 등 10가지 원칙을 제시하였고 각국이 AI 관련 정책과 법률을 제정할 때 중요한 기준으로 삼고 있다. 국제적 규범을 바탕으로 주요 국가들은 구체적인 규제 프레임 워크를 구축하고 있다. 대표적으로 세계 최초로 법적 구속력을 갖춘 유럽연합(EU)의 'AI법(AI Act)'을 들 수 있다. 시민의 안전과 기본권을 위협하는 '고위험' AI는 시장에 출시하기 전에 엄격한 의무를 부과하고, '수용 불가능한 위험'을 가진 AI는 원천적으로 금지된다. 미국의 경우 'AI 권리장전 청사진'을 통해 상대적으로 보다 유연한 기준을 제시한다. 이는 법적 강제성 없이 향후 정책의 방향을 제시하는 원칙으로, 알고리즘 차별 방지, 데이터 프라이버시 보호 등 AI 시대에 시민이 보호받아야 할 권리를 중심으로 구성되어 있다.

혁신과 규제의 갈림길에서

AI 규제를 둘러싼 글로벌 논의의 핵심은 '혁신'과 '안전'이라는 상반된 두 가치 사이의 균형점을 찾는 것이다. 이 갈림길에서 EU와 미국은 각기 다른 방향을 제시하며 미래 기술 표준 경쟁을 이끌고 있다. EU는 시민의 기본권과 안전을 우선하여 사회적 신뢰를 먼저 확보해야 지속 가능한 혁신이 가능하다는 '선제적 안전 확보' 철학에 기반한다. 반면, 미국은 과도한 사전 규제가 기술 발전의 속도를 늦추고 시장의 활력을 저해할 수 있다는 우려에서 출발하며, '혁신 우선, 자율 규제 유도'를 강조한다. 이처럼 혁신과 규제는 대립하는 가치처럼 보이지만, 책임감 있는 AI 시대를 열기 위해서는 둘의 조화가 필수적이다. 개발자부터 정책 입안자, 일반 시민에 이르기까지 사회 구성원 모두가 AI를 비판적으로 이해하고 현명하게 활용할 수 있는 'AI 리터러시' 능력을 갖출 때, 더욱 책임감 있는 방향으로 발전할 수 있다.

궁극적으로 AI 규제의 목표는 단순히 위험을 통제하는 것을 넘어, AI를 기후 변화, 질병, 불평등과 같은 인류의 난제를 해결하는 '동반자'로 만드는 데 있다. 혁신과 규제라는 갈림길 위에서 인류의 복지를 증진하는 긍정적인 방향으로 AI 기술을 이끌어 나가는 것이 필요하다.

기술과 인간 가치의 조화

AI 기술이 사회의 운영체제(OS)로 자리 잡아가면서, AI의 작동 원리와 사회적 영향을 이해하는 능력, 즉 'AI 리터러시'는 더 이상 전문가들만의 전유물이 아니라 모든 시민이 갖추어야 할 기본적인 역량이 되고 있다. AI의 위험과 윤리적 문제를 집중적으로 다루는 것이 중요하지만, 동시에 AI가 인류의 난제를 해결하고 사회 발전에 기여할 수 있는 엄청난 잠재력을 간과해서는 안 된다. 기술 개발과 규제 수립을 넘어, 사회 구성원 모두가 AI를 비판적으로 이해하면서 현명하게 활용해서 그 힘을 긍정적인 방향으로 이끌 수 있도록 책임감 있는 AI 생태계를 구축해야 한다.

기술과 인간의 가치가 조화를 이루고 지속 가능한 AI 생태계를 구축하기 위해서는 사람의 생명이나 안전에 관련된 최종 결정은 반드시 인간이 내리고 책임지는 '인간중심, 인간 참여형' 거버넌스가 구축되어야 한다. AI의 판단에 이의를 제기하고 재검토를 요구할 수 있는 명확한 절차 역시 필수적이다. 이러한 인간중심의 원칙을 지키려면 AI 기술이 소수의 거대 기업에 독점되어서는 안 되며, 정부가 공공 인프라에 투자해 작은 기업과 연구자에게도 공평한 기회를 제공해야 한다. 또한 여성과 소수자 등 다양한 배경의 인재들이 개발에 참여하여 기술의 편향을 막는 노력도 중요하다. 나아가 전 세계가 함께 지킬 핵심 원칙을 세워 각국의 규제가 서로 어긋나지 않도록 협력해야 기업의 부담이 줄고 인류의 안전을 효과적으로 지킬 수 있다. 마지막으로, AI의 실수로 피해가 발생했을 때를 대비한 명확한 책임과 보상 제도가 마련되어야 한다. 피해자가 신속하게 구제받을 수 있는 안전장치가 있어야만 기술에 대한 사회적 신뢰가 쌓이고, 개발자들도 더 큰 책임감을 느끼게 된다.

AI 시대의 미래는 기술 자체에 의해서만 결정되지 않는다. 우리가 어떤 가치를 가지고 AI 기술을 설계하고, 어떤 규칙에 따라 활용하는지에 달려 있다. 기술이 아닌 사람이 중심이 되는 철학을 바탕으로, AI의 편향성을 끊임없이 점검하고, 사회적 영향을 신중하게 고려해야 한다. AI 기술의 발전과 인간의 가치를 조화시키기 위해 책임감 있는 노력을 지속할 때, 우리는 AI가 인류에게 확실하고 안정적인 도움을 주는 긍정적인 미래를 맞이할 수 있다.

참고문헌

국립국어원 표준국어대사전.
https://stdict.korean.go.kr/main/main.do

Hao, K.(2021). "다윗과 골리앗의 싸움? 빅테크에 맞선 AI 연구원들". MIT Technology Review.

Angwin, J. et al.(2016). Machine Bias. ProPublica.
https://www.propublica.org/article/machine-bias-risk-assessments-in-criminal-sentencing

Duffy, C.(2025). Lawsuit claims discrimination by Workday's hiring tech prevented people over 40 from getting hired. CNN.
https://www.cnn.com/2025/05/22/tech/workday-ai-hiring-discrimination-lawsuit

EU Artificial Intelligence Act(2024). The AI Act Explorer.
https://artificialintelligenceact.eu/ai-act-explorer/

IBM. What is AI ethics?.
https://www.ibm.com/kr-ko/think/topics/ai-ethics

Moreau, T. et al.(2024). Failing Our Youngest: On the Biases, Pitfalls, and Risks in a Decision Support Algorithm Used for Child Protection. *Proceedings of the 2024 ACM Conference on Fairness, Accountability, and Transparency (FAccT '24),*

pp.290~300. Association for Computing Machinery.
OECD(2021). Tools for trustworthy AI: A framework to compare implementation tools for trustworthy AI systems. *OECD Digital Economy Papers, 312.*
UNESCO(2023). Recommendation on the Ethics of Artificial Intelligence.
https://www.unesco.org/en/articles/recommendation-ethics-artificial-intelligence

08
AI 프라이버시

생성형 AI는 데이터 수집, 학습, 활용 전 과정에서 심각한 프라이버시 침해 위협을 야기한다. 이러한 위협에 대응하기 위해서 개인정보 보호를 강화하고, 법률, 정부 가이드라인, 기업의 자율 규제가 조화를 이루는 다중적 거버넌스를 구축해야 한다.

AI와 인재 채용?

생성형 인공지능(Generative AI)은 방대한 데이터를 기반으로 텍스트, 이미지, 영상이나 코드 등 전에 없던 새로운 콘텐츠를 생성하면서 산업뿐만 아니라 우리 일상생활 곳곳에서 혁신을 가져오고 있다. 그러나 AI 혁신의 이면에는 심각한 프라이버시 침해 문제가 존재한다. 생성형 AI의 성능을 극대화하기 위해 학습에 사용되는 데이터가 가장 치명적인 개인정보 침해의 원인이 되기 때문이다. AI 모델이 개인화되고 정교한 결과물을 생성하기 위해서는 더욱 방대하고 상세한 개인정보가 필요한데, 이는 데이터의 유출, 오용, 그리고 악의적 활용으로 인격적인 침해 가능성이 높아진다. 기존 데이터를 보호하는 규제나 기술만으로 풀 수 없는 어려운 문제들을 해결해야 한다. AI 기술의 발전 속도가 빨라짐에 따라 복잡한 변화 양상을 보이는 프라이버시 위험을 적정하게 관리하고 완화하는 것이 필요하다.

어떻게 개인정보가 침해되는가?

생성형 AI로 인한 개인정보의 침해는 데이터 수집부터 모델 학습, 최종 활용에 이르는 전 과정에 걸쳐 갖고 있는 구조적인 취약점으로 발생한다. 생성형 AI의 성능은 학습 데이터의 양과 질에 의해 결정되기 때문에 AI 모델

개발 회사들은 인터넷에 공개된 방대한 양의 데이터를 무차별적으로 수집하고 학습에 사용한다. 개인 블로그 게시물, 유튜브 영상, 소셜 미디어 댓글 등 개인 식별 정보, 민감 정보, 저작권 보호 콘텐츠 등이 정보 주체의 동의 없이 수집되어 사용되는 문제가 발생한다. 수십억, 수조 개의 웹페이지로부터 데이터를 수집하는 과정에서 개개인에게 일일이 동의를 구하는 것이 현실적으로 불가능하기 때문이다.

생성형 AI 모델은 데이터로부터 패턴의 학습뿐만 아니라 특정 학습 데이터를 그대로 기억하는 현상을 보이기도 한다. AI 모델이 특정 프롬프트에 반영하여 학습 데이터에 포함되었던 이름, 주소, 전화번호나 개인적인 대화 내용까지도 그대로 출력할 수 있다. 미국 현지 시각을 기준으로 2023년 3월 20일 17시부터 21일 2시 사이에 ChatGPT 플러스에 접속한 전 세계 이용자 일부의 이름, 이메일, 결제지, 신용카드 번호 4자리와 유효기간이 다른 이용자들에게 노출되었다. 이 중에는 한국 이용자 686명이 포함되었으며 개인정보보호위원회는 오픈AI에 신고 의무 위반으로 과태료 360만 원을 부과했다. 그리고 재발 방지 대책 수립, 국내 보호법 준수, 개인정보위의 사전 실태 점검 협력 등의 개선을 권고했다. 한편 모델 용량, 데이터 중복, 프롬프트 맥락 등의 요인으로 기억 현상이 발생하게 되며 이는 '학습 데이터 추출 공격(training data extraction attack)'과 같은 새로운 보안 위협을 낳기도 한다.

사용자가 생성형 AI 서비스를 활용하는 과정에서도 심각한 개인정보 침해가 발생한다. 많은 사용자들이 업무 효율성을 높이기 위해 문서 요약, 데이터 분석, 코드 디버깅과 같은 작업을 AI에게 맡기면서, 자신도 모르게 민감한 개인정보나 회사의 기밀 정보를 프롬프트에 입력할 수 있다. 이렇게 입력된 데이터는 외부의 서비스 제공 업체의 서버로 전송되며, 서비스를 개선하거나 모델을 추가적으로 학습하는 데 활용될 수 있다. 이때 개별적으로는 개인정보가 아닌 것처럼 보이는 정보의 조각들이 조합되는 과정에서 법적 개인정보가 될 수도 있다. 2023년 4월, 삼성전자에서는 일부 직원이 실수로 내부 소스 코드를 ChatGPT에 업로드해서 외부로 유출되는 사태가 발생했고 이후 기업 비밀 유출을 방지하기 위해 생성 AI 사용을 금지했다.

생성 AI 기술 중 생성적 적대 신경망(GAN)과 같은 기술은 실제와 구별이 거의 불가능한 가짜 이미지나 영상을 만들어 내는 '딥페이크(deepfake)' 기술의 기반이 된다. 딥페이크 기술은 소셜 미디어 등에서 무단으로 수집한 개인의 얼굴 사진을 음란물에 합성하여 유포하는 디지털 성범죄에 악용될 수 있다. 2024년 홍콩에서는 한 다국적기업의 재무 담당자가 영국 본사 CFO를 사칭한 딥페이크에 속아 약 340억 원을 송금하는 사건이 발생했다. 이 외에도 특정인의 목소리를 복제하여 보이스피싱 사기에 이용하거나, 정치인의 발언을 조작하여 가짜 뉴스를 생성하고 사회적인 혼란을 야기하는 등 AI를 사용한 불법의 범위가 크게 확대되고 있다. '정보 조작을 통한 AI 프라이버시 침해'는 기존의 데이터 보호법이 다루는 정보의 '비밀성'이나 '무결성'과는 다른 차원의 문제이므로 새로운 법적, 윤리적 대안을 마련해야 한다.

AI 프라이버시의 보호

생성형 AI로 인한 프라이버시 위협이 우리 삶의 모든 영역으로 복잡하게 확산되고 있다. 이에 대응하기 위해서 AI 기술을 개발하고 활용하는 모든 단계에서 기술적인 보호와 강제성과 자율성이 혼합된 거버넌스를 상호 보완하는 체계적인 접근이 필요하다.

대표적인 기술적 해법으로서 개인정보 보호 강화 기술(Privacy Enhancing Technology, PETs)은 데이터 처리 과정에서 개인정보를 보호하면서 데이터의 유용성을 최대한 보존하는 것을 목표로 하는 기술군이다. 두 종류의 방법이 있는데 학습 데이터를 안전하게 보호하는 데이터 중심의 접근 방법으로는 개인 식별자를 대체하는 가명 · 익명 처리(pseudonymization & anonymizataion)와 원본의 통계적 특징을 모방해 가상 데이터를 만드는 합성 데이터(synthetic data) 기술을 포함한다. 학습 방식을 안전하게 하는 모델 중심의 접근 방법으로는 데이터를 중앙 서버에 보내지 않고 각 기기에서 모델을 학습시키는 연합 학습(federated learning), 결괏값에 통계적 노이즈를 추가해 개인 식별을 막는 차등 프라이버시(differential privacy) 기술 등이 있다. 이 외에 차세대 기술로 불리는 동형 암호(homomorphic encryption) 기술은 데이터를 복호화하지 않고 암호화된 상태 그대로 덧셈, 곱셈 등의 연산을 수행한다. 이론적으로 가장 완벽한 수준의 프라이버시를 제공하지만 연산 속도가 느리고, 막대한 컴퓨팅 자원이 필요하기 때문에 상용화까지는 다소 멀다는 한계가 있다.

신뢰할 수 있는 AI 생태계를 위해서 이러한 기술만으로는 충분치 않기 때문에 법률, 정책 그리고 기업의 책임 있는 거버넌스가 조화를 이루어야 한다. 세계적으로는

EU의 일반개인정보보호법(General Data Protection Regulation, GDPR)이 데이터 최소화와 정보 주체의 권리를 강조했다. 2024년에 발효된 세계 최초의 AI 규제법인 EU의 'AI Act'는 위험 기반 접근법을 통해 고위험 AI를 엄격하게 관리하며 생성형 AI에는 투명성 의무를 부과한다. 국내에서는 개인정보보호위원회가 AI 생애주기를 목적 설정, 전략 수립, AI 학습 및 개발, 시스템 적용 및 관리, AI 프라이버시 거버넌스 구축의 5단계로 구분하고 '프라이버시 중심 설계'와 '개인정보 영향 평가' 등을 담은 가이드라인을 제시하며 책임 있는 개발 문화를 유도하고 있다.

법제의 공백을 메우는 기업의 자율 규제와 거버넌스도 중요한데 대부분의 기업에서는 자체적으로 마련한 원칙과 기준을 갖고 있다. 구글, 마이크로소프트 등은 자체적으로 '책임 있는 AI 원칙'을 수립하고, 이를 개발 프로세스에 내재화하여 실제 엔지니어링 관행으로 전환하고 있다. 결과적으로 AI 프라이버시의 효과적인 보호를 넘어 신뢰할 수 있는 AI 생태계를 만들기 위해서는 강제성 있는 법률, 유연한 가이드라인, 그리고 기업 내부의 자율 규제라는 세 개의 축이 조화롭게 어우러져야 한다.

혁신과 보호의 균형

생성형 AI는 인류의 창의성과 생산성을 비약적으로 향상시키고 있지만, 거짓 정보를 생성할 수 있는 능력으로 인해 전례가 없는 개인정보 유출과 사생활 침해의 우려가 커지고 있다. AI 기술의 혁신과 프라이버시 보호라는 상반된 두 가지 목표를 동시에 달성하기 위해서는 기술, 제도, 문화 전반에 걸쳐 개인, 기업, 그리고 국가가 적극적으로 대응하는 전략이 필요하다. 개인은 AI 서비스에 민감한 정보의 입력을 자제하고, 프라이버시 설정을 적극적으로 활용하면서 기업에 투명성을 요구해야 한다. 기업은 프라이버시 중심의 설계를 채택하고 PETs에 대한 지속적 투자와 자율적이면서 명확한 AI 거버넌스 체계를 구축해야 한다. 마지막으로 정부는 AI 위험에 기반의 유연한 규제를 마련하고 PETs 도입과 활성화를 장려하며, 데이터의 안전한 공유·활용을 위한 국제적인 협력을 강화해야 한다. 생성형 AI 시대의 프라이버시 보호는 기술적인 과제인 동시에 사회적 합의를 이끌어 내야 하는 복합적 문제다. 기술의 혜택을 온전하게 누리면서 인간의 존엄성과 기본권을 지키기 위한 우리 모두의 지속적인 노력과 성찰이 이전보다 중요해지고 있다.

참고문헌

개인정보보호위원회(2024). “안전한 인공지능(AI)·데이터 활용을 위한 AI 프라이버시 리스크 관리 모델”.

개인정보보호위원회(2025). “생성형 인공지능(AI) 개발·활용을 위한 개인정보 처리 안내서(안)”.

방송통신위원회(2025). “생성형 AI 서비스 이용자 보호 가이드라인”.

이승민(2020). “연합 학습 기술 동향 및 산업적 시사점”. 《EPRI Insight》, 2020-06.

EPSU(European Federation of Public Service Unions)(2018). The General Data Protection Regulation(GDPR). https://www.epsu.org/sites/default/files/article/files/GDPR_FINAL_EPSU.pdf

EU Artificial Intelligence Act(2024). The AI Act Explorer. https://artificialintelligenceact.eu/ai-act-explorer/

09
포용적 AI 기술

디지털 격차와 AI 격차의 이중 소외 문제가 심각해지고 있다. 모든 사람이 AI의 혜택을 누릴 수 있도록 보편적이고 범용 기술을 위한 방안을 설명한다.

AI와 기자?

명절을 앞두고 고향 갈 준비를 하는 세 사람이 있다. 첫 번째 사람은 일흔을 훌쩍 넘긴 박씨 할머니다. 아들 집에 가려고 KTX 표를 끊어야 하는데, 창구에 가자니 무릎이 아프고 인터넷 예매는 엄두가 나지 않는다. 스마트폰 앱을 열어 보지만 작은 글씨와 복잡한 화면 앞에서 몇 번을 헤매다 결국 자식에게 전화를 걸어 도움을 받는다. 겨우 표를 구했지만 마음 한구석이 답답하다. 두 번째 사람은 30대 직장인 이 대리다. 그는 능숙하게 스마트폰 앱을 열고 몇 번의 터치만으로 원하는 시간대의 KTX 예매를 마친다. 남는 시간에는 요즘 유행하는 패스트푸드점으로 이동해 키오스크 주문을 하면서 옆에서 헤매는 어르신을 보며 안타까워한다. 세 번째 사람은 AI 개발자 박 연구원이다. 그녀는 자신의 에이젠틱(agentic) AI 서비스에게 원하는 시간대의 저렴한 창가 좌석 예약과, 가는 길에 읽을 만한 최신 경제 서적의 e-book 구매를 부탁한다. AI 에이전트는 즉시 여러 예매 사이트를 비교해 최적의 표를 찾고, 온라인 서점에서 베스트셀러를 검색해 구매한 후, 박 연구원의 스마트 기기에 일정을 동기화해 준다.

디지털 격차에서 AI 격차로

세 사람의 모습은 디지털 활용 능력의 차이를 보여 주는 것을 넘어 우리가 마주하고 있는 새로운 시대의 단면을 상징한다. 박씨 할머니가 겪는 어려움은 '디지털 격차' 문제로 디지털 기술에 대한 접근과 활용 능력의 차이로 인해 발생하는 사회적 불평등을 의미한다. 반면에 이 대리와 박 연구원의 차이는 'AI 격차'를 보여 준다. 단순히 정보를 검색하고 서비스를 이용하는 수준을 넘어, AI를 대리인으로 활용해 문제 해결과 가치 창출의 수준을 극적으로 끌어올리는 능력의 차이이다. 두 격차가 별게 아니라는 점에서 사회적 문제가 크다. 디지털 세상에서 소외된 이들이 AI 시대에는 이중으로 소외될 위험이 훨씬 크다. 기차표 예매, 키오스크 주문과 같이 상대적으로 단순한 디지털 활용 장벽이 앞으로는 개인 맞춤형 교육, 지능형 의료 서비스, 자율적 자산 관리 등 삶의 질을 결정하는 AI 서비스 활용의 장벽으로 진화할 것이기 때문이다. AI가 새로운 계급을 만드는 도구가 될 수 있기에 거대한 기술의 물결 앞에서 모두가 함께 파도를 타기 위해서는 모든 사람을 위한 '포용적 AI 기술'이 필요하다.

한국지능정보사회진흥원(NIA)의 '2024 디지털정보격차 실태조사'에 따르면 4대 정보 취약 계층인 장애인, 저소득층, 농어민, 고령층의 디지털 정보화 수준은 일반 국민 평균의 77.5%대에 머물러 있다. 이는 단순히 인터넷을 할 수 있느냐 없느냐의 문제가 아니다. 정보 접근성의 차이가 경제적, 사회적 차이로 직결되는 '구조적 불평등'의 문제를 야기하기 때문이다. 기술 발전의 혜택이 특정 계층에 집중되고, 나머지 사람들은 그 혜택에서 배제되는 불평등 현상이 이미 우리 사회 깊숙이 자리 잡고 있다.

ChatGPT와 같은 생성형 AI의 등장은 구조적 불평등을 더욱 심화시킬 수 있다. AI를 잘 활용하는 사람은 자신의 업무 생산성을 비약적으로 높이고, 새로운 창작물을 만들며, 복잡한 문제에 대한 해결책을 더 짧은 시간 내에 찾아낸다. 반면 그렇지 못한 사람은 기술 변화의 흐름에서 뒤처지며 경쟁력을 잃게 된다. 앞서 박 연구원의 에이전틱 AI와 같은 강력한 AI 기술을 일부만 독점한다면 어떻게 될까? 단순한 생산성의 차이를 넘어, 사회·경제적 지위를 결정하는 새로운 신분제로 작용할 수 있다. 디지털 격차로 어려움을 겪고 있는 사람들에게 AI 격차는 넘을 수 없는 더 큰 벽이 되어 이중의 소외와 헤어나올 수 없는 절망감을 만들어 낼 것이다.

한편 AI 격차의 또 다른 위험은 기술 자체에 내재된 편향성이다. 만약 AI가 학습하는 데이터가 우리 사회의 편견과 차별을 그대로 담고 있다면 AI 역시 차별을 학습하게 되고 우리의 눈에 보이지 않는 방식으로 사회적 약자에게 불이익을 줄 수 있다. 대출 심사, 법정 판결, 입학이나 채용 시험 등 사회의 중요한 의사 결정 과정에 AI가 도입될수록 특정 집단에게 보이지 않는 차별의 벽을 세우는 불공정의 문제가 발생할 수도 있다. 따라서 AI 격차를 해소하기 위해서는 기술 접근성의 확대와 더불어 AI의 공정성과 투명성을 확보하는 노력이 반드시 필요하다.

모두를 위한 따뜻한 AI

'기술은 가치중립적이다'는 말이 있다. 그러나 기술을 만들고 사용하는 것은 결국 사람이기에, 기술은 필연적으로 개발자의 의도와 사회의 가치를 반영하게 된다. AI로 인한 격차와 차별 문제를 해결하기 위해서는 기술 개발 단계에서부터 '포용적 설계(inclusive design)' 원칙을 적용해야 한다. 포용적 설계는 성별, 나이, 장애, 국적 등과 관계없이 가능한 한 모든 사람이 편리하게 사용할 수 있도록 제품이나 서비스를 만드는 것이다. 대표적인 예로 '커브컷(curb-cut) 효과'로 불리는 '연석 경사로'를 들 수 있다. 1972년에 휠체어 사용자를 위해 인도나 도로의 경계석을 비스듬하게 낮춘 연석 경사로는 이후 유모차를 끄는 부모, 자전거 이용자, 여행 가방을 끄는 사람 등 모두에게 편리한 시설이 되었다. AI 기술에도 이러한 접근이 필요하다. 복잡한 명령어 대신 일상적인 대화로 AI를 제어하고, 시각 정보가 아닌 음성으로 결과를 안내하며, 사용자의 디지털 활용 수준에 맞춰 인터페이스를 자동으로 조절해 주는 AI 서비스를 만드는 것이다. 소수 전문가나 디지털 기득권자를 위한 기술이 아니라 박씨 할머니와 같은 디지털 약자도 소외되지 않고 기술의 혜택을 누릴 수 있도록 문턱을 낮추는 노력이 지속되어야 한다.

AI 격차의 해소는 단순히 개인의 노력이나 기업의 선의에만 맡길 수 있는 문제가 아니다. 국가와 사회 전체가 함께 풀어야 할 공동의 과제다. 한국에서는 모든 사회 구성원이 디지털 기술의 혜택을 차별 없이 누릴 수 있는 환경 조성을 목적으로 2025년 1월에 '디지털 포용법'을 제정하고 디지털 기기 사용법 교육 등 지속적으로 정보 접근성을 높이는 정책을 추진하고 있다. 이제는 디지털 포용에서 더 나아가 AI 포용(AI inclusion) 정책으로 확장시켜야 한다. AI 포용은 단순히 AI 도구의 사용법을 가르치는 것을 넘어, AI가 무엇인지, AI의 현재 수준은 어디까지인지, 우리 사회에 어떤 영향을 미치는지, 사용자로서 어떻게 비판적으로 바라보고 책임감 있게 활용할 수 있는지를 교육하는 AI 리터러시 함양을 목표로 해야 한다. 2025년 4월 미국에서 발표된 'AI 교육 강화를 위한 행정명령'이 좋은 사례가 된다. 이번 행정명령에는 국가 차원에서 AI 문해력과 숙련도를 높이는 것을 목적으로 AI를 교육에 통합, 교사를 위한 포괄적인 AI 연수 제공, 학생들에게 AI 개념과 기술을 조기에 노출, 그리고 미국의 차세대 AI 혁신가 육성에 대한 내용을 담고 있다.

한편 AI 리터러시 함양을 위한 교육뿐만 아니라 시민들의 높아진 눈높이에 맞춰 편향을 줄이고 공정성을 높이기 위한 기술적, 제도적 장치가 함께 마련되어야 한다. 기술적으로는 편향의 원인이 되는 데이터를 교정하고, 부족한 데이터를 보완하는 데이터 증강(data augmentation)과 같은 기법을 적극 활용해야 한다. 물론 기술이 완벽한 해결책이 될 수 없기에 AI를 통제하는 사회적 합의와 제도 수립이 병행되어야 한다. 최근 국제 사회의 흐름은 OECD의 권고안과 같은 자율적 규범을 넘어, 유럽연합의 'AI Act'와 같이 법적 구속력을 갖는 규제로 나아가고 있다. 이와 같이 AI 기술이 인권과 민주주의의 보편적 가치를 훼손하지 않도록 최소한의 안전장치가 되는 제도적 틀을 안정적으로 구축해야 한다. AI 리터러시를 갖춘 시민들이 목소리를 내고, 그 목소리를 반영하는 투명한 제도로 운영된다면 AI 기술은 올바른 방향으로 발전되고 활용될 수 있다.

공동선을 위한 AI

AI 기술은 능력 있다고 착각하는 소수의 기득권이 아닌 모든 사회 구성원의 삶의 질을 높이고 인간다운 삶을 보장하는 도구로서 공정한 사회를 만드는 데 기여해야 한다. 하버드대학교의 마이클 샌델(Michael Sandel) 교수는 그의 저서 《공정하다는 착각(The Tyranny of Merit)》에서 현대 사회가 능력주의, 즉 개인의 재능과 노력만으로 성공이 결정된다는 믿음에 사로잡혀 있다고 비판했다(Sandel, 2020). AI 시대는 능력주의적 착각을 더욱 강화할 위험이 있다. AI를 자유자재로 활용하는 능력이 새로운 '능력'의 척도가 되어 이를 갖춘 사람에게는 오만함을, 그렇지 못한 사람에게는 좌절감을 안겨주며 사회적 연대를 파괴할 수 있다. 따라서 포용적 AI 기술은 단순히 뒤처진 사람들을 기술적으로 지원하는 것을 넘어, AI를 활용하는 능력이 다소 부족하더라도 공동체의 일원으로서 존중받을 수 있다는 믿음이 지켜지는 '공동선(common good)'을 지향해야 한다.

AI 시대의 진정한 성공은 기술의 발전 속도가 아니라, 그 기술을 통해 우리가 얼마나 더 서로를 돌보고 연대하는 공정한 사회를 만들어 가느냐에 달려 있다. AI 기술이 인간에 대한 깊은 이해와 공감을 바탕으로 설계될 때, AI

는 격차를 벌리는 장벽이 아니라 소외된 이들을 돕는 가장 강력한 도구가 될 수 있다. 또한 능력주의의 오만을 넘어, 포용과 연대의 가치를 실현하는 기술이야말로 우리 모두가 추구해야 할 진정한 '포용적 AI'의 모습일 것이다.

참고문헌

"디지털포용법"(2025.1.21. 법률 제20672호).

강정한(2025). "디지털 불평등과 포용적 사회의 조건: 인간이 AI의 감정을 닮아가는 시대를 위한 준비". FAIR AI. https://fairai.or.kr/embedded-ethics/insight-plus/27

김정곤 외(2025). "파리 AI 행동 정상회의 주요 결과와 시사점: 포용적 AI를 위한 국제협력 방향". 《KIEP 세계경제 포커스》, 8(7).

정기호·최형인(2025). "AI 역량 격차 해소를 위한 OECD 보고서 및 해외 사례 분석". 《AI & Digital Inclusion Brief》, 2. 한국지능정보사회진흥원.

한국지능정보사회진흥원(2024). "디지털정보격차 실태조사". https://www.nia.or.kr/site/nia_kor/ex/bbs/View.do?cbIdx=81623&bcIdx=27832&parentSeq=27832

"15 U.S.C. 9401(3)"(미국 AI 교육 강화 행정명령).

Medium(2021). 3 principles of inclusive design and why it matters. https://uxdesign.cc/3-principles-of-inclusive-design-and-why-it-matters-970b10a17982

Sandel, M. J.(2020). *The Tyranny of Merit: What's Become of the Common Good?*. Farrar, Straus and Giroux.

UN(2024). Global Digital Compact
https://www.un.org/global-digital-compact/sites/default/files/2024-09/Global%20Digital%20Compact%20-%20English_0.pdf

10
AI와 함께 미래 사회 준비하기

급속도로 발전하고 있는 AI 기술이 우리 삶 모든 영역에서 다양한 모습으로 활용되고 있다. AI 시대를 준비하는 자세와 미래 사회를 준비하는 방법을 소개한다.

AI와 미래 의사?

급속도로 발전하고 있는 인공지능(AI) 기술은 우리 삶의 모든 영역에서 혁신적인 변화를 이끌고 있다. 맞춤형 여행 일정 짜기, 회의 내용 요약, 실시간 통화 통역과 같은 일상의 편리함을 넘어 신약 개발, 기후 변화 예측 등 인류의 난제를 해결하는 핵심적인 기술로 자리 잡고 있다. 제5차 산업혁명의 시대라고도 불리는 변화의 흐름 속에서 우리는 어떻게 살아가고, 미래를 위해서는 무엇을 준비해야 할까? 분명 개인으로서 그리고 사회 구성원으로서 단순히 새로운 기술을 배우고 익히는 것을 넘어 깊이 있는 통찰과 구체적인 전략이 필요하다.

AI, 거스를 수 없는 시대의 흐름

AI 기술은 특정 업무를 수행하거나 인간의 지적 활동을 보조하는 수준을 이미 넘어섰고 우리 사회에 막대한 기회를 제공함과 동시에 새로운 도전을 제기하고 있다. 2016년에 등장한 알파고(AlphaGo)는 AI가 특정 분야에서 인간의 지능을 넘어설 수 있다는 가능성을 보여 준 상징적인 사건이었다. 그 이후 AI 기술 발전의 중요 변곡점으로 트랜스포머라는 신경망 아키텍처를 기반으로 한 '거대 언어 모델(LLM)이 있다. 트랜스포머 모델은 문장 속 단어들의 관계와 맥락을 파악하는 능력이 탁월해서, 인간의 언어를 정교하게 모사하고 생성할 수 있다. ChatGPT와 같은 생성형 AI는 정보 분석뿐만 아니라 논리적인 글쓰기, 복잡한 코드 작성, 그림 및 음악 창작 등 인간 고유의 영역으로 여겨졌던 창의적인 일들을 제법 잘 해 낸다. 더 나아가 특정 문제만 푸는 제한적 지능이 아닌 다양한 분야의 문제를 해결할 수 있는 '범용 인공지능(Artificial General Intelligence, AGI)'으로 발전하고 있다. 우리가 일하고 소통하며 가치를 창출하는 방식이 근본적으로 재정의되고 있으며, 이제 AI는 선택이 아닌 모든 산업과 개인의 삶에 필수적인 범용 기술이 되고 있다.

AI 기술의 발전으로 사회 전반의 생산성은 획기적으로 향상되었다. 골드만삭스(Goldman Sachs)는 생성형 AI가 전 세계적으로 연간 GDP를 7%까지 높일 수 있는 잠재력을 가졌다고 분석했다(Hatzius et al., 2023). 매킨지(Mckinsey)가 2024년 말 실시한 설문조사에 따르면 의료 부문의 경우, 끊임없이 변화하는 규제, 위험 관리, 내부 역량의 차이 등의 어려움에도 불구하고 더 많은 의료 보험사, 의료 시스템, 그리고 의료 서비스 기업이 포함된 응답자의 85%가 생성형 AI 기능을 탐색하고 있거나 이미 도입했다. 대표적인 사례로 구글 딥마인드

(Google DeepMind)의 자회사인 아이소모픽 랩스(Isomorphic Labs)는 AI 기반 신약 개발에 본격적으로 뛰어들었다. 딥마인드의 단백질 구조 예측 AI 모델인 '알파폴드(AlphaFold)'를 활용하여 신약 개발의 초기 단계를 혁신하고 인류의 건강 증진에 크게 기여할 것으로 예상된다.

하지만 AI 기술이 사회적 문제 해결, 생산성 향상 등의 긍정적인 효과 이면에 심각한 사회적 위험이 야기될 수 있다는 것을 생각해야 한다. 가장 시급한 문제는 AI 알고리즘에 내재된 편향성이 사회적 불평등을 재생산하고 심화시킬 수 있다는 것이다. 과거의 편향된 데이터를 학습한 AI는 채용, 대출 심사, 사법 판단 등 중요한 의사 결정 과정에서 특정 집단에 불이익을 주는 차별적인 결과를 낳을 수 있다(O'Neil, 2016). 또한 AI와 로보틱 프로세스 자동화(Robotic Process Automation, RPA) 기술이 보편화되면 데이터 입력, 회계, 관리 지원과 같은 정형화된 업무들이 대체되고 노동 시장의 구조적 전환이 가속화될 것이다. 세계경제포럼(World Economic Forum)의 2025년 보고서에 따르면, AI 전문가 등 기술·친환경 직업은 급증하고 사무·비서직은 급감할 것으로 예측된다. 이에 따라 근로자 업무 스킬의 약 39%가 변하고 분석적 사고, AI 활용 능력이 중요해지기 때문에 기업들은 업무 스킬 격차의 해소를 위한 직원 재교육을 최우선 과제로 삼아야 한다.

AI가 바꾸는 평범한 일상

어느덧 우리의 하루는 세대, 성별의 구분 없이 AI와 함께 시작하고 마무리될 것이다. AI 비서가 날씨에 맞는 옷을 추천하고, 하루의 일정을 브리핑해 주는 것으로 아침을 시작한다. 가족의 건강 상태와 식습관을 분석해 맞춤형 식단을 추천하고, 부족한 식료품은 자동으로 주문한다. 퇴근 후에는 관심 있었던 취미들을 쉽게 배울 수 있도록 시간, 장소를 고르고 안내한다. 어린이들은 AI가 탑재된 대화형 인형과 놀면서 자연스럽게 외국어를 익힌다. 노년층에게 AI는 건강과 안전을 지키는 동반자가 된다. 정해진 시간에 약 복용을 알려주고, 착용형 기기는 심박수, 혈압 및 당뇨 수치 등 건강 데이터를 실시간으로 분석하고 이상 징후 발생 시 즉시 가족이나 병원에 알린다. 이처럼 AI는 연령과 필요에 맞춰 건강, 가사, 여가 등 일상의 모든 순간을 더욱 편리하고 풍요롭게 만드는 '삶의 운영 체제(Life OS)'가 될 것이다.

소수의 교사가 다수의 학생들에게 일방적으로 전달하

는 획일적인 교육 방식도 AI 시대에는 점차 사라질 것이다. 학교에서 AI는 학생 개개인의 학습 속도, 이해도 등을 분석해서 맞춤형 교육을 지원한다. 2024년 5월에 공개된 ChatGPT-4o가 보여준 실시간 수학 과외 데모에서처럼 대부분의 교과에서 학생의 수준에 따라 기초부터 심화 단계까지 구분하여 설명해 준다. 교사는 반복적인 행정 업무에서 해방되어 학생과의 정서적 교감, 창의력과 협업 능력을 길러주는 프로젝트 기반 학습 설계에 더 많은 시간을 쏟을 수 있다. 학생들은 AI와 결합한 가상현실이나 증강현실 기술을 통해 시공간을 초월한 몰입형 교육으로 학습 효과의 향상을 경험하게 될 것이다.

AI는 직장에서 지능형 협업 파트너로 생산성을 극대화하는 데 기여한다. AI 비서의 도움으로 영문 이메일 작성, 회의록 요약, 데이터 정리 등 반복적인 업무를 자동화하고 더 중요한 전략 수립과 의사 결정에 집중할 수 있다. 작업 현장에서는 AI가 탑재된 드론이나 로봇이 위험한 구조물을 대신 점검하고, 스마트팩토리에서는 AI가 CCTV 영상을 분석해서 작업자의 위험한 행동이나 장비의 결함을 감지하여 사고를 예방한다. 이처럼 AI와의 협업은 이전에 불가능했던 역무들을 수행하면서 일의 미래를 재편할 것이다.

AI 시대를 살아갈 개인의 준비

AI 시대에 개인의 경쟁력은 AI와 효과적으로 협력하고 인간 고유의 역량을 극대화하는 데 있다. 미래의 업무 환경은 인간이 AI와 긴밀하게 협력하여 시너지를 창출하는 인간-AI 협업이 표준이 될 것이다. 따라서 단순히 AI에 질문을 잘하는 것뿐만 아니라 AI의 결과물을 비판적으로 평가하고 새로운 통찰을 이끌어 내는 고차원적인 상호작용 능력이 요구된다. 자신의 전문 분야에서 AI를 최고의 파트너로 삼아 생산성을 높이는 'AI 증강 워크플로'를 설계하고 활용하는 능력도 중요하다. 자신의 전문 분야에서 AI를 제대로 활용하여 부가가치를 창출하는 능력이 개인의 경쟁력이 될 것이다. 이와 함께 기술이 대체할 수 없는 인간중심의 역량을 강화하는 것이 필요하다. 단순 연산이나 정보 생성의 영역에서 AI가 인간을 능가하게 되면서, 역설적으로 인간의 고유한 역량이 희소가치가 될 것이다. AI가 제공하는 방대한 데이터 속에서 핵심을 꿰뚫는 '분석적 · 창의적 사고', 타인과 공감하며 협력을 이끌어 내는 '사회적 지능(social intelligence)', 끊임없이 배우고 적응하는 '학습 민첩성(learning agility)', 그리고 기술의 윤리적 딜레마를 판단하는 'AI 윤리 감수성(AI ethical sensitivity)'은 AI 시대를 이끌어 갈 리더의 필수

덕목이 될 것이다. 결국 AI 시대의 인재는 기술을 잘 다루는 것을 넘어, 기술의 한계를 명확히 인지하고 인간 고유의 가치를 통해 그 기술을 완성하는 사람이다.

미래 사회를 위한 사회·제도적 준비

AI 기술의 혜택을 모두가 공정하게 누리기 위해서는 개인뿐만 아니라 사회 전체의 체계적인 준비와 제도적 기반이 마련되어야 한다. 먼저 AI 기술의 사회적 수용성을 높이기 위해서 기술에 대한 신뢰 확보가 전제되어야 한다. 이를 위해 AI 기술의 개발과 활용 전 과정에 공정성, 투명성, 책임성의 원칙을 적용하는 '신뢰할 수 있는 AI 거버넌스' 체계를 구축해야 한다. 예를 들어 2024년 승인된 유럽연합(EU)의 'AI 법(AI Act)'은 AI 기술을 위험 등급별로 분류하여 차등 규제하는 세계 최초의 포괄적 AI 규제 법안으로, 글로벌 표준 논의의 중요한 기준점이 되고 있다.

EU의 'AI 법'과 같은 국가적인 규범과 더불어, 미래를 주도할 인재를 양성하기 위한 교육의 대전환도 이루어져야 한다. 지식 암기 위주 교육에서 벗어나, 'AI 리터러시 교육'을 도입해서 학생들이 AI를 도구로 스스로 질문하고 창의적 해법을 찾는 '자기 주도적 학습자'로 성장하도록 지원해야 한다. 이러한 교육 패러다임의 혁신은 우리 사회의 미래를 위한 가장 중요한 투자다.

국가가 주도하는 정책 · 제도적 노력과 더불어 기술 현장에서 자발적으로 형성된 전문가 커뮤니티의 역할 또한 인간이 중심이 되는 미래 AI 생태계를 만드는 데 매우 중요하다. 대덕연구단지를 중심으로 활동하는 'AI 프렌즈(AI Frenz)'가 그 대표적인 사례다. 이들은 과학자, 연구자, 개발자들이 모여 "사람을 먼저 생각하며 함께의 가치를 소중히 여기는 따뜻한 AI를 구현하고자 합니다"라는 비전 아래, 기술의 올바른 발전 방향을 모색하고 대중과 소통하는 활동을 펼치고 있다. 이러한 자발적 커뮤니티의 기여는 복잡한 AI 기술과 사회 사이의 간극을 좁히고, 기술 개발자들이 윤리적 책임감을 내재화하도록 도우며, 궁극적으로 기술이 인간의 가치를 벗어나지 않도록 하는 사회적 안전망 역할을 수행한다는 점에서 앞으로가 더 기대된다.

참고문헌

AI Frenz. https://aifrenz.notion.site/

European Parliamen(2024). AI Act: MEPs adopt landmark law. https://www.europarl.europa.eu/news/en/press-room/20240308IPR19015/artificial-intelligence-act-meps-adopt-la ndmark-law

Hatzius, J. et al.(2023). The Potentially Large Effects of Artificial Intelligence on Economic Growth. Goldman Sachs Economics Research.

McKinsey & Company(2025). Generative AI in healthcare: Current trends and future outlook. https://www.mckinsey.com/industries/healthcare/our-insights/generative-ai-in-healthcare-current-trends-and-future-outlook

O'Neil, C.(2016). *Weapons of Math Destruction: How Big Data Increases Inequality and Threatens Democracy*. Crown.

World Economic Forum(2025). The Future of Jobs Report 2025. https://reports.weforum.org/docs/WEF_Future_of_Jobs_Report_2025.pdf

최우성

한국전력공사 전력연구원의 책임연구원이자 연구전략실 R&D 비즈팀장이다. 서울대 기계공학과에서 시스템 고장예지(Prognostics and Health Management, PHM) 주제로 박사 학위를 받았다. 독일 Fraunhofer, SIEMENS, 미국 전력연구소(EPRI) 등과 12건의 국제공동연구를 수행했으며 EPRI에서 2년간 파견연구원으로 근무했다. 엔비디아(Nvidia) 앰배서더 및 AI 인증 강사, 인공지능 커뮤니티·사단법인 AI프렌즈의 창립 이사로 활동 중이며, 국내 기술표준의 국제화를 위해 미국기계학회(ASME) 위원으로도 활동하고 있다. 주요 전문 분야는 시스템 고장 예지, 머신러닝·딥러닝으로 AI 솔루션 5종 개발, 프로그램 16건, 특허 37건, SCI급 논문 13편 등의 연구 실적이 있다. 세상에 기여하는 공학의 가치를 소중히 여기는 공학자이지만 기술보다는 사람을 먼저 생각한다.